「見込客」を「成約客」に育てる“お礼状”の書き方・送り方

山田文美

同文舘出版

はじめに

世の中には、高額で一生のうちに数回しか買わない商品があります。たとえば、家、宝石、車、結婚式、保険、高級腕時計などです。これらを、高額低購買率商品と言います。

これらは、食料品や衣料品に比べたら、そもそも購入しようと考える人数が圧倒的に少ないのです。ですから、どの店も集客に多くの費用をかけて新規客に来店してもらいます。しかし、来店してくれた新規客の多くは下見だけで終わります。彼らは、「検討します」と言って帰っていくのですが、再来店、ましてや成約にまでつながることは本当に少ないのです。たった1人の見込客が、何軒も下見に行くのですから。

商品の品質やデザインにも、接客にも、お礼状にも気を配っているのに、下見客が戻ってきて成約してくれる率が低いのです。努力が報われないと感じてしまいます。

見込客が何軒もの下見のうえ、他店で購入を決めてしまう大きな要因は、自店がお客様に寄り添えていないからです。お客様に寄り添うとは、お客様を観察して感じたことを伝えることです。

本書は、「お客様に寄り添う方法」をテーマにすることで、下見客を再来店させて成約客に変えていく具体的な方法をお伝えしていきます。この方法は、高額低購買率商品のもうひとつの悩みであるリピートが少ないことにも対応できます。こちらも、具体的な方法をお伝えします。

さて、「お客様に寄り添う」とは、当たり前に言われていることかもしれませんが、具体的にどういうことかと問われると答えにくいものです。

お客様は、店頭で下見をしはじめるときには「声をかけないで。勝手に下見させて。店の都合を押しつけないで」と、〝私にかまわないでオーラ〟を出します。それなのに、ひとたび気になる商品が見つかると「どうして、説明してほしいときにベストタイミングで声をかけてくれないのか？　何て不親切な店なのだろう」と思うのです。

こうしたお客様の心の変化は、態度に表われることがほとんどです。だから、お客様を観察するのです。もちろん、お客様の心が読めるわけではありません。ですが、この観察がお客様に寄り添う第一歩になります。

商品がしっかりしていることは、お客様にとってはもはや当たり前のことなのです。何を買うかが大まかにでも決まっているとしたら、誰から買うかが大切な購入選考基準になります。お客様が「この人から買いたい」と感じる基準は、「この販売員は、私のことを理解してくれたかどうか」です。

商品ではなく、店側の販売員がどう対応してくれたかによって、店に対する信頼感が決まってしまうのです。

信じて用いると書く信用は、商品がしっかりしていれば用いてもらえました。ところが、ほしい商品が決まっている場合は価格比較をされてしまいます。これに対して、信じて頼ると書く信頼は、ほしい商品が決まる前の相談段階で、お客様が店に声をかけてくれる状態です。信用は当たり前、信頼される店になる必要があります。

お客様に信頼されるには、「この販売員は、私の言うことを聞いてくれた。私のことを理解してくれた」と感じさせることです。

お客様に寄り添うというのは、お客様の心を読むことではありません。私は超能力者ではありませんから、お客様の心を読めたことは一度もありません。ですが店頭接客販売で、とくに高額低購買率商品を25年売り続けている経験から言うと、お客様とのコミュニケーションの取り方には、明らかにお買上げにつながる瞬間を作り出すコツがあります。

そのコツはいくつかありますが、そのなかでも、一番簡単で効果的な方法が「お礼状」です。

昔からあって、今も廃れていないお礼状。

それは、お客様にとって基本的に効果的だからでしょう。うわべだけで飽きてしまわれやすい手法ではなく、人間である限りいつまでも効果があります。

私は実際に、宝石・メガネ・時計を売る店舗を経営しています。そして、全国のさまざまな業種の商売人の方々に、お客様に寄り添う接客方法を教え、売上げを作り出していく繁盛店を作るコンサルティングを専門としています。

本書で紹介する話は、実際に全国の多くの店で実践して結果が出ている事例ばかりです。現実の店で実際に行なって、成果につながった実例ばかりをお伝えしていきます。高額低購買率商品の、リピートが少ないという悩みを助ける、紹介客を増やすツールもくわしくお伝えします。

本書をお読みいただくことで、お客様への寄り添い方が上手になり、下見に来て一度帰ってしまわれたお客様でも、「やっぱり、あなたから買いたい」と再来店と成約につながることを信じています。

二〇一五年六月

山田文美

「見込客」を「成約客」に育てる〝お礼状〟の書き方・送り方　もくじ

1章

高額低購買率商品、一回買ったら次の購入は何年後？

2章

どうして、下見客・見込客は次回来店しないのか？

3章

下見客・見込客に「もう一度この店に行きたい」と言わせるファーストお礼状

装　丁　高橋 明日香
ＤＴＰ　春日井 恵実

1章

高額低購買率商品、一回買ったら次の購入は何年後？

22歳店長が、業務命令で参加したセミナーでたったひとつ覚えて帰ったこと

「お客様にはお礼状を書きましょう」と言われます。

来店していただいたときや、お買上げいただいたときに書く方が多いでしょう。たしかに、お礼状は出したほうが親切で礼儀正しい気がします。でも、お礼状が再来店や成約につながるケースがどれだけあるのでしょうか?

実は、お礼状は書き方を変えるだけで、「検討するわ」と帰ってしまった見込客を、成約客に変えてしまう力があります。

まずは、そんな実例をお伝えしましょう。

茨城県に結婚指輪専門店があります。20代前半の女性ばかり3人で店頭をまわしている店です。この店の22歳店長が、私のセミナーに参加してくれました。

それは、店の売上げを上げるための販売促進方法を伝えるセミナーでした。

参加してくれた店長は社長命令で参加していましたから、はっきり言って、ちょっと嫌々での参加でした。それでも真面目な彼女は、何かを学んで帰ろうと思ってくれました。そして、たったひとつ覚えて帰ったことが「お礼状の書き方」だったのです。

今までも、彼女はお礼状は書いていました。書店で、手紙の書き方の本を数冊買ってきて、季節の挨拶と失礼のないように当たり障りのない内容で、心を込めて書いていました。

彼女は、お客様への感謝の気持ちを心を込めて書いていたのに、再来店にはなかなかつながりませんでした。お礼状は、どんなに心を込めて書いても、文面がお客様の心に響かなければ、お客様を行動させることはできないのです。

22歳の女性店長は「そうかあ。今までと同じにお礼状は出すけれど、書く内容をちょっと変えてみることならできそうだな」と思ったのです。

そこで早速、次の日からお礼状の内容を変化させました。お礼状はハガキから便箋一枚のボリュームです。小さな紙面で伝えたいことを伝えるために、どうでもいいことは省きました。手紙の書き方の本から抜粋していた季節の挨拶、誰にでも通用する当たり障りのない本文を省いたのです。

すると、紙面はほぼ空いてしまいました。残ったのは、冒頭のお客様の名前と、最後に書き添える自分の名前だけでした。

これを見て、心を込めて書いていたはずなのに、当たり障りのないことばかりを書いていたことに気づいたのです。

お礼状の書き方を変えただけで毎月200万円売上アップ

22歳女性店長の悩みは、接客したお客様が下見だけをして帰られることでした。

「また来ます」「検討します」と言って帰ったお客様を待ち続けるのは、心がくじけそうです。価値ある品質の商品を、正直に扱っている誇りある店です。安売り競争・押売りはお客様を欺すことになる、そんな信念の店です。

一所懸命に商品説明をして、資料やパンフレットもたくさん渡し、興味をもって商品を見ていただいたのに、なぜ再来店してくれないのだろう。

……そう感じていました。

そもそも、一生に数回しか買わないため、新規見込客の母数が小さい商品です。

そこに人口が減ってきているから、結婚指輪を買おうと考える人も減っています。よい商品を揃えて、専門知識も学んで、宣伝経費をかけて店舗まで下見に来てもらうことには成功したのに、そこから成約につながる確率が低いのが悩みでした。

見込客は、ライバル店数店舗を見てまわり、下見と比較を繰り返しています。

見込客の商品知識は増えていき、見た目が似たような商品を比較するから、品質よりも価格を比べられてくやしい思いもしていました。来店していただいたお客様には、必ずお礼状を出していました。でも、なかなか再来店につながらないから、成約にもつながりません。結婚指輪という商品の場合は、来店されてから数ヵ月の間に婚約・結婚するわけですから、初回来店時から数えて、いかに早く再来店してもらえるかが、成約につながる大切なポイントなのです。

この店のお礼状は、当たり障りのない、失礼のない内容でした。これを、お客様に寄り添う形に変えました。お客様が来店してくださったときの会話を記録しておいて、そのことを書くようにしたのです。

今までは、季節の挨拶からはじまり、ご来店のお礼と、またのお越しをお待ちしていますという、誰が受け取っても通じる内容でした。すべての人に、ほぼ同じ内容の文章を書いて出していたのです。まず、ここを変えました。

お客様が店頭にいらしたときに声をかけて会話をします。

その内容をノートに記録しておき、その記録を見ながらお礼状を書いたのです。

お客様のことを思い出して、お客様から感じたことを伝え、お客様が気にされていた商品で、お客様が笑顔になることを想像して書きました。

すると、今までほとんど再来店されなかったお客様が戻ってきて、成約につながりはじめたのです。お客様への働きかけとして使っているお礼状の紙もペンも切手代も、何も変わりません。ただ、内容を変えただけです。他に特別なことは何もしていないのです。ただ、お礼状の内容を変えただけで変化があったのです。

彼女の店では、たとえば、10人が初回来店した場合、3人がその場で購入してくれました。4人が住所氏名を教えてくれて下見だけで帰りました。残りの3人は住所氏名も残さず帰るのが平均的でした。

このうち、まずは、住所氏名を教えてくれた4人の下見客へのお礼状の内容を変えました。すると、8割の確率で再来店につながりました。さらに、再来店から成約につながるのは9割でした。今までは住所氏名を教えてくれていても、二度と来店にならなかった4人の見込客のうち3人が再来店して成約してくれたのです。経費と行動は何も変えないで、書く内容を変えただけでです。

お礼状を出したお客様から、「おハガキ、すごくうれしかったの！　ありがとう。次の日曜日に、もう一度お店に行きますね」と、お礼状のお礼を言われる回数が増えました。それと同時に、次回再来店予約をくださる方が増えていきました。工夫したお礼状での再来店購買率は高く、ひと月に２００万円の売上アップにつながりました。この数字は、売上げの25％アップにあたりました。

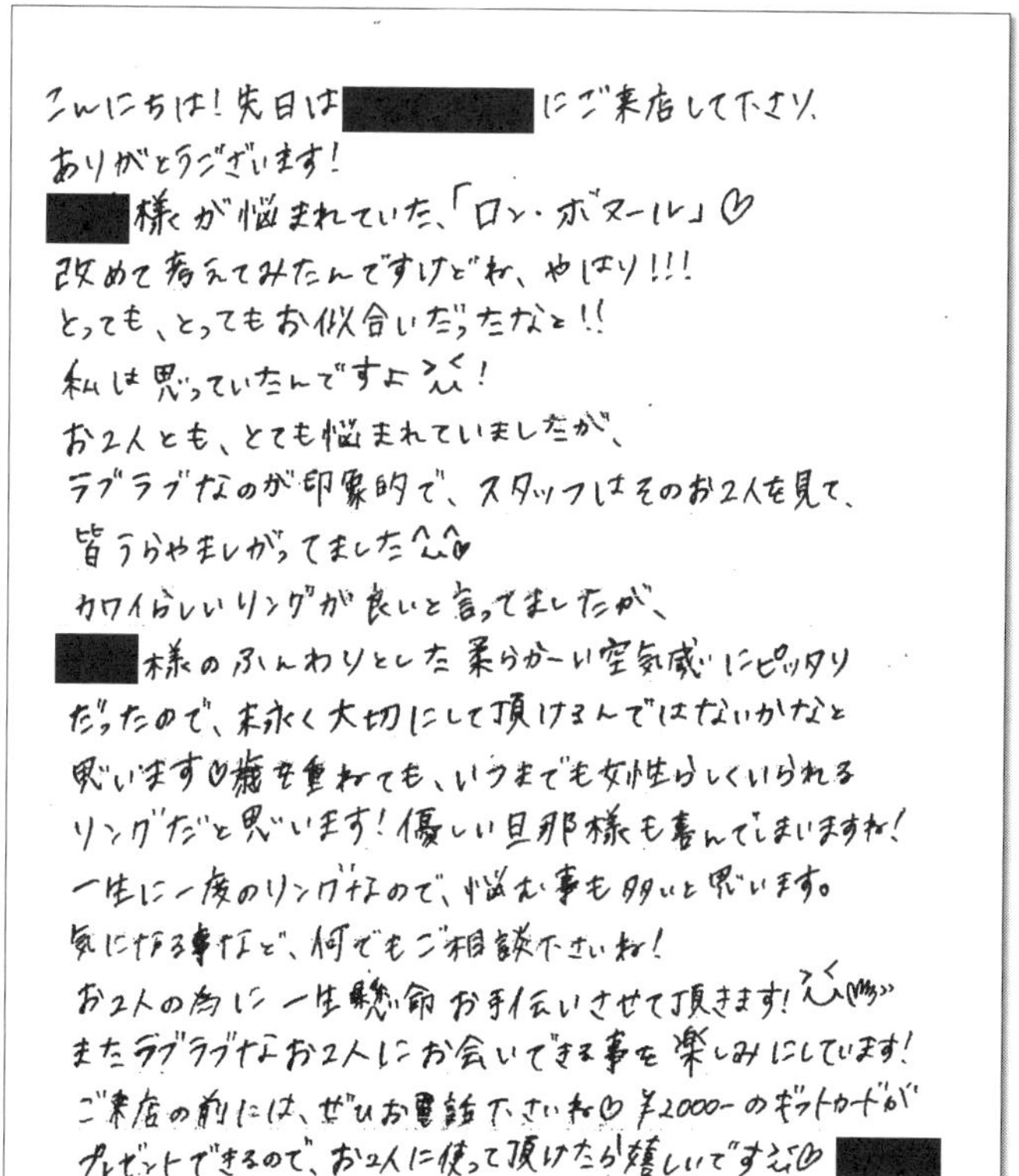

こんにちは！先日は[redacted]にご来店して下さり、
ありがとうございます！
[redacted]様が悩まれていた、「ロン・ボヌール」♡
改めて考えてみたんですけどね、やはり!!!
とっても、とってもお似合いだったなと!!
私は思っていたんですよ＾＾！
お2人とも、とても悩まれていましたが、
ラブラブなのが印象的で、スタッフはそのお2人を見て、
皆うらやましがってました＾＾♡
カワイらしいリングが良いと言ってましたが、
[redacted]様のふんわりとした柔らかーい空気感にピッタリ
だったので、末永く大切にして頂けるんではないかなと
思います♡歳を重ねても、いつまでも女性らしくいられる
リングだと思います！優しい旦那様も喜んでしまいますね！
一生に一度のリングなので、悩む事も多いと思います。
気になる事など、何でもご相談下さいね！
お2人の為に一生懸命お手伝いさせて頂きます！＾＾
またラブラブなお2人にお会いできる事を楽しみにしています！
ご来店の前には、ぜひお電話下さいね♡￥2000-のギフトカードが
プレゼントできるので、お2人に使って頂けたら嬉しいです＾＾♡[redacted]

今までのお礼状では、あり得なかった反応です。

お客様が、自ら行動してくださる奇跡が起こったようでした。

高額低購買率商品、1回買ったら次のお買上げは何年後？

結婚指輪専門店で、結婚指輪を買ったとします。

次に買うのは何年後でしょうか？

平均的に考えて、結婚指輪は一生に1回しか買いません。人口が減り続けている日本では、当然結婚世代の若い方も減り続けています。

そんななかで、お金をかけて購買見込客を集客します。少ない見込客に対して、結婚指輪専門店は増え続けています。ブライダル関係市場は購買見込客を集めるための競争が激しくなってきています。それなのに、やっとお買上げいただけても、「来年もまた買ってください」とは言えません。結婚指輪を買うのは、一生に1回だからです。

商売は新規客を集めて、その人たちをリピートさせて何度も買ってもらうことで売上げが安定していくものです。初回買上げのお客様は集客にお金がかかっていますから、2回目以降のリピート買上げで、はじめて儲けが出てくることが多いからです。

それなのに、結婚指輪は購入いただいた既存顧客に、次の購買を促すこともできないのです。だって「去年の離婚はおすすみですか？　今年の結婚には、ぜひ当店の結婚指輪をお使いください」などとは言えないからです。

ひたすら毎年お金をかけて見込客を集客して、買っていただいたら終わり……なのです。高額品の市場をはじめ、すべての市場の見込客は減り続けています。人口が減り続けているのですから。買いたい人よりも、売りたい店のほうが多い状態です。こうなると、商品質が向上して、価格競争や広告宣伝費用が上がります。

こうして、初回来店見込客を獲得する単価が上がり続けています。お客様に来店していただくための経費が値上がりしているのです。だから、初回来店された見込客を、何とかして再来店につなげたいのです。

他にも、高額低購買率の商品は、同じような状態にあります。

結婚式、家、リフォーム、宝石、車、保険、葬儀、高級腕時計などです。

これほど高額ではないけれど、一生に数回しか購入しない商品はまだ他にもたくさんあります。布団、自転車、建具、ひな人形、振り袖、家具、印鑑などです。

どんなによい物を提供しても、人生で数回しか買わない商品は、購入タイミングが合わない限り買っていただくことはできません。結婚も決まらないうちに、今お安いらしいから結婚指輪を先に用意しようか？　などと考える人はいません。そして1回の結婚に1回の購入のみです。必要数だけあれば事足りてしまいます。

こうした一生に1回の買い物は、お客様からしたら失敗したくありません。だから、比較検討して下見を重ねて購入を決定します。人生で数回の買い物ですから、安さだけを優先する人が多いとも限りません。もちろん価格も大切ですが、それ以上に、お客様は比較検討するときに大切にしていることがあります。

「担当の販売員が、私のことをどれだけ理解してくれているか？」

ここを、お客様は大切にしています。一生に数回のお買い物ですから、失敗したくない。一生に数回しか買い物経験がなく、お試し購入もできないから、本当に自分に必要で希望を叶えてくれる商品はどれかを教えてほしい。そう思っています。そして、そう思わせることができないと、お客様が唯一自分で判断できる価格比較を購入動機にして、比べて安い店で買い物してしまうのです。後から「しまった！」と思っても買い直すことができないことのほうが多いものです。お客様にそんな思いをさせたくありません。

そのために、初回来店後に出す「お礼状」を最大限活用しましょう。もちろん、低単価で何回もリピートできる商品にも使えます。

お礼状を書くのに必要な要素は次の四つだけです。

1：用紙とペン
2：送付するための住所氏名
3：お礼状に書く材料
4：反応があるお礼状の型

本書では、このお礼状の内容をくわしくお伝えしていきます。

お礼状を応用して、成約率を高める「お礼状応用・個別ＤＭ」の手法と実例

成約客から新規客を紹介していただくための「お礼状応用・紹介依頼ツール」も紹介します。

お礼状なんて、簡単で当たり前すぎるでしょうか。この簡単で当たり前の手法が、高額品でリピートが少ない商品を扱う業種で売上げを作っていくのに向いているのです。シンプルな話かもしれませんが、シンプルには力があります。ちょっとしたコツを知るだけで、お客様を再来店させる確率が上がります。

しかも、お礼状を実践していく経費は微々たるものです。本書をお読みいただき、ぜひ実践してほしいと思います。

それでは、本編を進めていきましょう。
まずは、物事には順番がある、というお話からです。

2章

どうして、
下見客・見込客は
次回来店しないのか？

一生に数回しか買われない商品でも繁盛店になれる

物事には順番があります。

自動販売機でジュースを買うには、お金を入れて、商品ボタンを押さなければなりません。この順番通りにすると、ジュースを買うことができます。

電子レンジでお弁当を温めるには、扉を開けて、お弁当を入れて、扉を閉めて、温めボタンを押さなければなりません。この順番通りにすると、お弁当を温めることができます。

機械には決められた順番があります。

同じように、お客様にお買上げしていただくにも順番があるのです。

新規来店した見込客に「もう1回来店する」という順番通りにしてもらわないと、お買上げというゴールにたどり着いていただくことはできません。

機械を初めて見た人は、どうやって使うか知らないので使えません。使い方を習って使えるようになります。人間は、学習する生き物ですから。

その学習は、楽しい・うれしい・スカッとするといった、感情によって達成率が上がります。学習にともなう感情が強いほど、行動する確率も高くなります。機械に順番を覚えさせるには、感情は必要ありません。機械なので、決めたらその通りにするからです。ですが、人はそうはいきません。人には感情があるからです。

人に順番を覚えてもらう学習には、感情を使うと行動してもらえる率が上がります。

ご自分に置き換えて、思い返してみてください。

わからなかったことが理解できて、〝楽しくなって〟次をやってみたくなる。

ほめられて〝うれしくなって〟、またほめられたくて次もやってみる。

イライラする困りごとが〝スカッと解消する〟とわかれば、速攻でやる。

そして、わからない、無視される、また困りごとに対面する、などとわかっていたら行動しにくくなります。

新規来店した見込客が再来店しないのは、こちらの状態です。

この状態の見込客を再来店させるには、楽しい・うれしい・スカッと解消するという感情ボタンをポチッと押してあげればいいのです。

それは、自動販売機でジュースを買うにしても、ボタンを押すたびに〝もう1本タダでもらえるかもしれない〟当たるかもという楽しみがあったほうが、ボタンを押しやすいのと同じです。お弁当を温めるにも〝あなたに温めてもらうとおいしいね〟とほめてもらえるほうが、電子レンジに直行したくなるのと同じです。

下見や比較検討のために来店される新規見込客は、コレをしてほしいのです。

コレをしてもらえたら、次回来店が待ち遠しくなってしまうのです。

コレは「お礼状」でできます。（くわしい方法は3章でお伝えします）

下見や比較検討のために来店したお客様に、次回来店してもらう。

こうした行動は、お客様にとって階段を登るようなものです。今の階段から次の階段が見えるようにしてあげて、その階段を登る方法を教えてあげないといけません。

この階段を、私は「導きの階段」と呼んでいます。お客様に〝お買上げ〟というゴールにまで登ってもらい、お買上げに導く階段です。この導きの階段を登る方法を教えるのに、最適なのはお礼状なのです。

お客様を〝お買上げ〟というゴールに導く階段があります

〝導きの階段〟で、お客様を〝橋渡し客〟というゴールにまで導きたい。

導きの階段

★一段目にいるお客様は、あなたの店に初めて来てくれた「出会い客」
★二段目にいるお客様は、あなたの店に住所氏名を残してくれた「名簿客」
★三段目にいるお客様は、再来店してくれた「再来店客」
★四段目にいるお客様は、再来店から成約してくれた「成約客」
★五段目にいるお客様は、成約してくれた後に、知人友人を紹介してくれる「橋渡し客」

お客様が商品を購入してくださったときは、必ずこの階段を順番に登ったときです。このそれぞれの階段にいるお客様には、働きかけなくてはならないことがあります。それによって、次の階段へと登ってもらい、お買上げ・紹介へと結果がつながっていきます。お客様に次の階段へと登ってもらうために働きかけることは決まっています。

図1 導きの階段

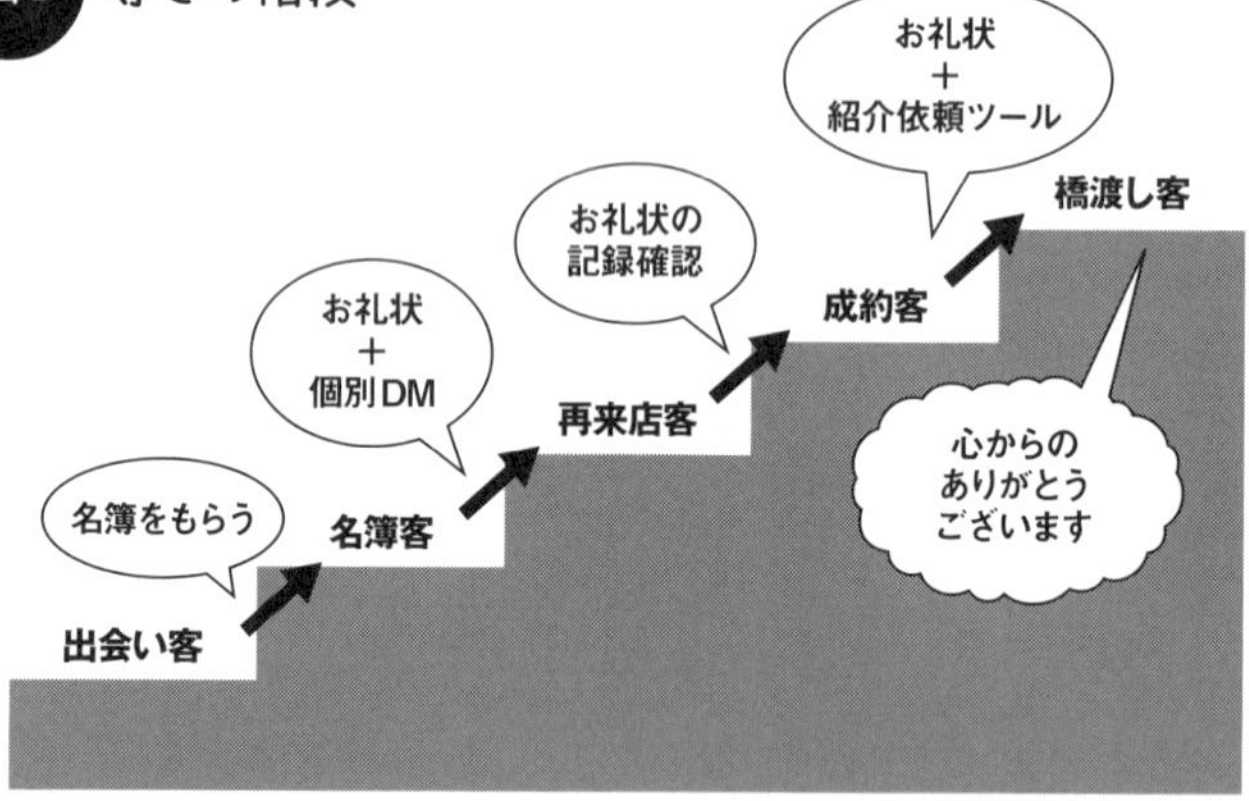

導きの階段：それぞれのタイミング客に対する働きかけ

★一段目：「出会い客」には「住所・氏名という名簿をもらう」

知らない店で買い物する方法はありませんから、お客様は必ず店と出会っています。お客様は忙しいですから、私たちの店のことなど、すぐに忘れてしまいます。人口は減り続けていますから、お客様の数も減り続けています。それなのに、販売店は新しく増えることもあります。少なくなったお客様に、たくさんの店が群がります。毎日朝から晩まで、そうしたライバル店がお客様を誘惑し続けます。それに負けないように、お客様へ働きかけをしていきます。働きかけるために必要なのは、「住所・氏名」という名簿です。だから、出会ったお客様の住所・

氏名をいただくことが何よりも大切になります。

★二段目：「名簿客」には「お礼状」で想いを、「個別ＤＭ」で商品情報を送る

下見や比較検討している方は、再来店しない限り買上げをすることはありません。必ず、再来店になって成約お買上げへと進みます。再来店しないということは、ライバル店との比較に負けたわけです。再来店するきっかけの多くは、「店側からの働きかけによって」です。一度帰ってしまわれたお客様に再び働きかけをするには、お客様の住所・氏名という名簿が必要です。この名簿客に「お礼状」「個別ＤＭ」を送ることで、自店に再来店してくれるよう学習してもらいます。

★三段目：「再来店客」には「お礼状」と「個別ＤＭ」の記録での接客

名簿への働きかけによって再来店してくれたお客様は、働きかけにそった接客販売で成約へと進みます。そのために、働きかけの内容を保管しておくことが重要です。コピーを残して、お客様カルテに保存することが後々役に立ちます。今は、携帯写メなどでも簡単に記録を残すことができます。

★四段目：「成約客」には「紹介依頼ツールを渡す」

成約してくれたお客様には、何度も繰り返し購入してもらうことができればいいのですが、高額で、しかも一生に数回しか買わない商品では難しいことです。でも、成約してくれたお客様ほど、これから購入を考えている人に影響力を持っている人はいません。だから、成約客には「紹介依頼ツール」を渡して、まだ購入前のお客様に手渡ししてもらうことをお願いします。

★五段目：「橋渡し客」には「心からの〝ありがとうございます〟」

高額で、一生に数回しか買わない商品のゴールは、実は成約ではなくて紹介を出し続けていただくことです。紹介をしてくださることがリピート購入と同じことになります。いえ、それ以上です。紹介していただいたお客様は、いわゆる口コミ客ですから、新規集客のためにかかる費用が大きく節約されるからです。

紹介をしてくださる方には、「心からのありがとう」をお返しするだけで、次も紹介してくださいます。特別なお礼などは必要ありません。それよりも、ご紹介いただいたら、できるだけ早くお礼の電話をしたりハガキを送るだけで、喜んで次のご紹介をくださるようになります。

この「導きの階段」を明確にすることで、お客様への「働きかけ」も明確になります。

お客様を個別に思い出してください。そして、このお客様は今どの階段にいるかと考えてみてください。これがわかれば、次にそのお客様に向けて働きかけるために必要なことがわかり、この働きかけをしたら、次の階段へと登ってくれる可能性が大きく飛躍するのです。

お客様が、今どんなタイミングにいるのかを知ることの大切さ

商売では、お客様を「導きの階段で見たら、何客なのか?」を明確にすることが大切です。「出会い客」「名簿客」「再来店客」「成約客」「橋渡し客」のどれに当てはまるのか？　を明確にします。なぜならば、何客かによって、店側の働きかけが決まっているからです。この働きかけを間違えると、次の階段に登っていただけなくなり、売上げを逃してしまいます。

出会い客には、住所・氏名という名簿をもらう（という働きかけをする）。

名簿客には、お礼状と、個別ＤＭで商品情報を送る（という働きかけをする）。

再来店客には、お礼状と個別ＤＭの内容に沿った接客をする（という働きかけをする）。

成約客には、紹介依頼ツールを渡す（という働きかけをする）。

橋渡し客には、心からのありがとうを伝える（という働きかけをする）。

「出会い客」「名簿客」「再来店客」「成約客」「橋渡し客」という順番にお客様は変化していきます。この変化の過程をタイミングと呼んでいます。このタイミングは、どんな商品にも当てはまります。低額でリピート購入されることが多い、食品・消耗品・理美容・飲食等は、最後の橋渡し客がリピート客と表現が変わるだけです。基本は同じです。

図2　なだらかな階段と急階段の比較図

これなら
楽々登れるぞ
出会って、いきなり成約しようと思うのは
お客様にとって「このガケを登ってこい」
と言われることと同じ
成約
出会い
これじゃ
登れない

私が商売を継いだ20年以上前には、このことを知らなかったために、お客様への働きかけがチグハグでした。そうすると……無駄な努力をするだけで、お買上げにはまったくつながりません。だから、苦労しました。お客様が思ったように行動してくれないからです。

出会い客に、いきなり商品情報だけ伝えても「検討します」と言われてしまいます。名簿客に紹介依頼ツールを送っても、しらけてしまって再来店にはなりません。再来店客に、前回の来店時のことを覚えていない接客をしてしまっては興ざめです。成約客に、ありきたりな内容のお礼状では紹介客はいただけません。橋渡し客なのに、〝なしのつぶて〟という対応では、「もう二度と紹介するものか」とあきれられてしまいます。

導きの階段、それぞれの段数に沿った働きかけをしないということは、お客様に無理をさせることになります。誰だって、階段はなだらかなほうが登りやすいものです。それを、来店したらいきなり購入してほしい、と願うのは、急階段をよじ登れと言うようなものです。

お客様にとって、お買上げという山頂に登っていただくためには、できるだけなだらかな階段にして、スムーズに登っていただきたいものです。お客様にロッククライミングさせようとしても無理です。なだらかな階段を、階段と気づかせないくらいに自然に登ってほしい。

そのための手段で、大きな役割をはたすのが「お礼状」なのです。

導きの階段に滑り止めをつける効果もあるお礼状

愛媛県にある工務店では、住宅見学会に来場したお客様に必ずお礼状を書いています。以前は本屋の手紙コーナーにあった手紙の書き方の本を見て、一般的な誰にでも同じ内容のお礼状を出していました。特別な反応はありませんでした。このお礼状を、私が勧める内容に変えました。すると、今までほぼ無反応だったのに、大きな三つの変化がありました。

①変える前より、「ご丁寧なハガキをありがとう」と言われることが多くなった
②「私のしゃべったことを覚えていてくれてうれしい」と喜ばれる
③「なんか、先を見通してくれた気がする」と見積り相談へと進んでもらえる

担当のIさんは「お礼状の書き方を変えただけで、受注に向かう階段に滑り止めがついたようです」と言います。お客様への購入見込み度が上がるお礼状です。

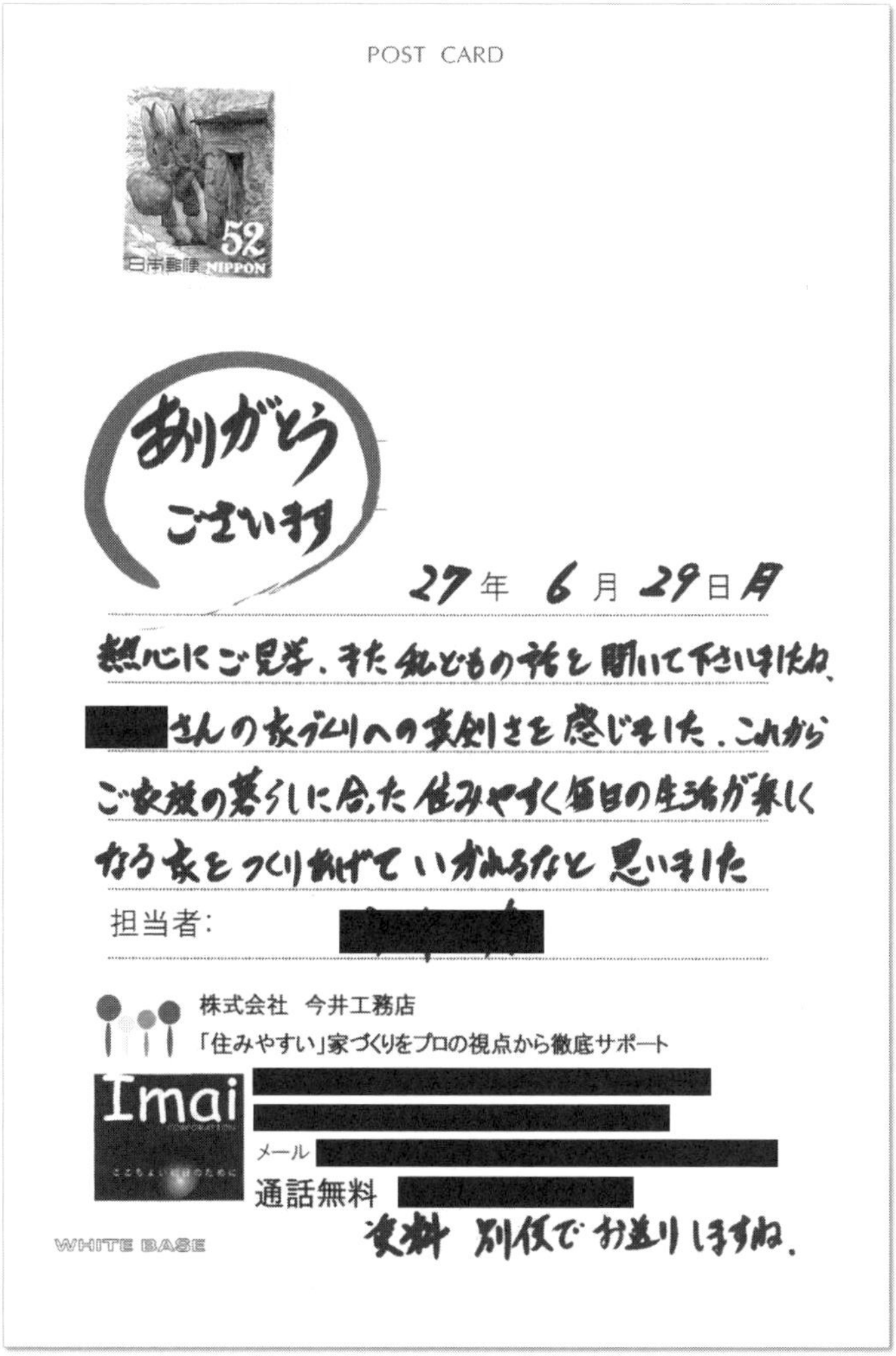

POST CARD

52 日本郵便 NIPPON

ありがとうございます

27年 6月 29日 月

熱心にご見学、また私どもの話を聞いて下さいましたね。
[redacted]さんの家づくりへの真剣さを感じました。これから
ご家族の暮らしに合った住みやすく毎日の生活が楽しく
なる家をつくりあげていければなと思いました

担当者: [redacted]

株式会社　今井工務店
「住みやすい」家づくりをプロの視点から徹底サポート

Imai

[redacted]

メール [redacted]

通話無料 [redacted]

資料 別便でお送りしますね。

WHITE BASE

何気なく書いたお礼状が、お客様の再来店につながった

私が商売を継いだ頃、私の店を知っていただいて来店された「出会い客」に対して、今すぐ買ってほしくて商品をゴリゴリと勧めてしまい、二度と来店してもらえない……、こんな状態が長く続きました。

私の店舗で扱っている商品には「宝石」があります。

ほとんどのお客様にとって、宝石はなくても生きていくことができます。緊急度も必要性も低いものです。高額なのに何の役にも立ちません。雨が降っても雨宿りもできず、お腹が空いても食べることもできません。ただ珍しく、美しく光り輝いているだけのものです。

多くのお客様にとって、宝石は一生に数回買うか買わないかです。だから、必ず下見をされます。そして、「買おうかな?」と思うにいたった理由があります。お腹が空いたからと食料品を買うようには買わないのです。必ず、「どうして、ほしいと思ったのか?」という理由があるのです。

商売を継いだばかりの頃は、売上げがほしいばかりで、お客様の「どうして、ほしいと思ったのか?」という理由には興味がありませんでした。ただ、よい商品、希少性の高い商品、

雑誌やTVで人気のデザイン商品さえ揃えていれば売れるだろうと思っていました。「出会い客」のお客様には、どんなに商品のことを伝えても、その結果「検討するわ」と言って帰られて再来店にはなりません。そんなことが続いていたあるとき、「他のカタログが手に入ったら送ってほしい」と言われ、住所・氏名を伝えて帰られたお客様がいました。約束のカタログを送るときに、ふとお客様との会話を思い出しました。

ペアの結婚指輪を、ご主人が仕事で壊してしまわれて同じ物をほしいと言われたのですが、同じ物は製造中止になっていて、在庫も残っていませんでした。それでは、せめて新しいカタログがほしいと言われたのです。

新しいカタログをお送りするときに、私が感じたことを、お礼状として同封しました。いつもは、手紙の書き方の本から抜粋した当たり障りのないお礼状を書くだけですが、このときはなぜか、お客様の言葉を引用しました。

「先日は、ご来店ありがとうございました。H様にとっても、ご主人様にとっても大切な思い出の指輪という感じが伝わってきました。同じ指輪がご用意できなくて申し訳ない気持ちになりました。『せめて新しいカタログを』と言われた言葉から、H様の前向きな思いにハッとさせられました。新しいカタログの中に、また お2人の大切な思い出をつなぐ指輪があることを願っております」と書きました。

そのお客様から、カタログが届いてすぐにお電話をいただきました。正直なところ、「しまった。個人的なことを書きすぎたかな？　怒られるのかな？」と思いました。ところが、電話口で言葉にされたことは「どうして同じ指輪がほしかったのか」という理由でした。

「実は、主人は指輪が壊れた原因の事故でリハビリ中なのです。前向きと書いてくださってうれしかったので電話してしまいました。そうです、私は主人が治るって信じているのです。壊れた指輪が元に戻ったら、主人も治る気がしたのかもしれません。でも、新しい指輪で新しい思い出を作るっていいですよね。主人とカタログを見て決めて行きますね」

「お礼状をありきたりな内容にしないでよかった。お客様との会話を覚えていてよかった」と安堵しました。

この出来事をきっかけに、出会い客にはお礼状を送ろう、その内容は個別の会話に沿った内容にしてみよう、と決めました。

今までは、お買上げいただいたときにばかりお礼状を書いていました。何て書いたらいいのかわからないので、手紙の書き方の本に載っている挨拶文をそっくり真似するだけでした。でも、この出来事でわかったのです。お客様は、自分のことを気にかけてほしいのです。

お買上げのお礼状も大切ですが、買ってくださったお客様だけが大切なわけではありません。これからお買上げという頂上を目指して、導きの階段を登ってくださる可能性があるお客様すべてが、私の大切なお客様なのです。出会ってくださったお客様すべてにお礼状を書かなければいけないのではないか？　１００パーセントは無理だとしても、出会いだけで帰られてしまうお客様にお礼状を書くことで、次の再来店へとつながっていくはず。そう信じて、お礼状の工夫をはじめました。とくに高額品でリピートが難しい商品に、お客様に寄り添ったお礼状は有効だと確信するまでに、長くはかかりませんでした。

お客様は、「この店は私のことをわかってくれた」と感じると不安がなくなる

私は、自店で25年以上接客して、全国のさまざまな業種のクライアント先の店頭でも接客に触れてきました。そうして思うのは、「お客様は不安があると買い物をしない、次回来店もされない」ということです。

とくに、「高額で一生に数回しか購入しない」業種では、この傾向が強くなります。

人は、「高額で一生に数回しか購入しない」ものを買おうとするとき、商品の下見・比較検討をします。自分で、ネットや雑誌や専門書などで下調べしても、それだけで買う決断はできません。お客様は買おうとしているもののプロではありませんから。専門家の意見を求めたり、現物を実際に見て試したり、購入ずみの人の声を調べたりと、自分が不安に思っていることを解消したいと行動します。

そうしたなかで、高額であればあるほど、1回では決定することができません。高額になればなるほど、お金と時間を失うリスクが高いからです。オーダー特注部分が多くなればなるほど、そのリスクは高くなります。高額商品の中には、買い直しも返品もきかないものが多くあります。住宅関係・結婚式・葬式・車・記念旅行・特注一点物ジュエリーなどです。

こうした高額低購買率の商品を買うかどうか？　は、お客様がお金を持っているか持っていないかという今の状態はあまり影響しません。それよりも、未来の不安を強く感じていると、どんなに手元に十分なお金があっても、買い物をやめてしまいます。未来の不安は、何かをなくす不安です。

思った通りの買い物ができなかったら、今のお金と時間をなくしてしまう……、

私にピッタリのものが見つかるかしら……、

店側の押しつけにあったらどうしよう……、

などと、未来の不安を感じているお客様に安心してもらえると、購入を前向きに検討していただけるようになります。初めて出会う人と、人間関係を作ろうとコミュニケーションを取ると思います。初来店での接客後、すぐに送るファーストお礼状によって、お客様とのコミュニケーションの糸が丈夫になるかどうかが決まります。ファーストお礼状は、「この店は私のことをわかってくれた」と感じさせることが目的になります。くわしくは、3章でお伝えします。

人が、高額で一生に数回しか買い物しない商品を購入してもらうにはコツがあります

1：まず、未来の不安というネガティブを取り除きます

2：ほんの少し時間をおいて、ポジティブを刺激します

3：ピンポイントに落とし込んだ行動を勧めます

この順番でお客様に対応していきます。

1：まず、未来の不安というネガティブを取り除きます

人は、ネガティブな要素である〝おそれ〟〝怒り〟〝心配〟〝恥ずかしさ〟〝罪悪感〟等を、まず克服することに精一杯です。お客様は、高額で失敗が許されない状態の買い物のときは気を遣っています。自分を守ることだけに気を遣うのです。自分を守るためには、内に引きこもって殻を作ります。だから、店側の提案など聞く耳を持ちません。うっかり話を聞いてしまうと、欺されるのではないかと警戒するからです。

「この店は怖くないか、この人は私を欺そうとしていないか？」と、否定的な感情が優先されて不安です。実際に、店の雰囲気と接客を感じて、怖くないし欺されることもないとわかってもらうことを何よりも優先します。

ネガティブな要素を取り除くのに、簡単で効果的な方法があります。「お客様におしゃべりしてもらうこと」です。人は不安を感じると、「おしゃべり」をしたくなります。

販売員の中にも、お客様との会話中に沈黙ができると、ついしゃべってしまう人が多いのはこのためです。不安を感じたときに「おしゃべり」をすると、脳が「気持ちいいと思うホルモン」をご褒美にくれるのです。それによって不安を収めるのです。

だから、来店して不安を感じている出会い客には、おしゃべりをさせたいのです。それには、会話が有効です。お客様に自ら「おしゃべり」してもらうことで、自分の不安を収めてもらうことができるからです。

不安が取り除かれ、大丈夫だとわかればそのまま買い物に進む人もいますが、多くはいったん、安心安全の家に帰ります。

2：ほんの少し時間をおいて、ポジティブを刺激します

いったん安心安全の家に帰った状態のときは、安心に巣ごもりしているのと同じです。自分のテリトリーである家に帰った頃に、相手のポジティブを刺激します。安全な巣にいる状態で〝うれしい〟〝楽しい〟〝満足〟〝感謝〟〝穏やかな気持ち〟〝好奇心〟といったポジティブを刺激されると、人は心を開きやすくなります。

安全な場にいるときは、まわりを見渡すことに余裕があります。そうした中では、他人の

アイデアやアドバイスも受け入れやすくなるのです。店頭では不安を強く感じるお客様は、なかなか店側の提案を聞いてくれません。ところが、自分が安全な巣にこもっている状態では、積極的に提案を取り入れてくれることが多いのです。

だから、不安がいっぱいの店頭から安心な巣に戻ってきて落ち着いた頃に、店側からの提案をしましょう。それには手紙が便利です。お礼状という形は、不安なく受け入れてもらえます。

3：ピンポイントに落とし込んだ行動を勧めます

お客様は基本的に素直です。人は、他人を信用することで協力して狩りを成功させ、効率よく植物や木の実を採集して生き延びてきました。その子孫が私たちなのです。だから、人は基本的に不安要素がないときは素直です。

店頭での出会い客に「おしゃべり」してもらってネガティブをなくし、安全な巣に戻った状態のお客様に「お礼状」でポジティブを刺激した状態で、「ピンポイントに落とし込んだ行動」を勧めましょう。再来店を具体的にお勧めするのは、このタイミングです。具体的に、再来店の方法をお客様に勧める言葉で、お礼状を締めくくると再来店率が上がります。

「また来ます」「検討します」に負けない

ある日、メールで質問をいただきました。

【私は、時計メガネ宝石の兼業店をやっています。お金をかけて集客しても、昔ほどお客様は集まりません。さらに、やっと来店になったお客様も「また来ます」とか「検討します」と言って帰ってしまわれます。そう言われると期待して待ちますが、お客様が戻ってこられたためしはありません。買ってくれるお客様と、話を聞くだけで買わないお客様の見分け方を教えてください】

こうした質問は、講演やセミナーの質疑応答でもときどきいただきます。下見という言葉と行為が当たり前の業種であれば、みなさん同じように思うかもしれませんね。私も商売をはじめた頃に同じように思いました。

ブランド物の腕時計が宣伝された雑誌の広告ページを持ったお客様が来店され、これを見たいと言われます。在庫にあればお見せして、なければメーカーからお取り寄せしてお見せすることにしました。すると「検討するわ」「また来ます」と言って帰られ、再来店にはなりませんでした。そして……その方の腕には、お見せした時計がいつのまにか身につけられている現実を知ることになるのでした。当店で見てはもらえても、結局他店で買われている現実は、辛いとも悲しいとも表現のしようのない感じでした。

単なる帰る口実に使われている「検討するわ、また来ます」の言葉だとわかっていても、この言葉にすがるように期待してしまう自分を情けないと思いました。一所懸命接客したのに報われないと感じて、いっそのこと買う気があるお客様だけ見分けられたら便利だろうと思ってしまったのです。

だから、質問してきた方の気持ちはわかります。そして、商売をするうちに、この質問が間違っているとわかるようになりました。

【買ってくれるお客様と、話を聞くだけで買わないお客様の見分け方を教えてください】

接客するときに、このお客様は最終的に買うか買わないかの未来がわかったら、無駄な接客はしなくてすむし、変に期待して傷つくこともないから、こうしたお客様の見分け方が知りたいということですね。

これは、成り立たない質問です。

ちょっと、自分に置き換えて思い出してほしいのですが、自分がお客だったら〝いつ買うか〟が決定する瞬間はいつでしょうか?……買うと決めるまでは決まりませんよね? つまり、お客様自身にだって買うかどうかは、買うまでわからないのです。それなのに、先に買う客か買わない客かがわかる方法なんてないのです。

販売側があきらめたら、お客様は絶対に買ってくださることはありません。お客様は、販売員の対応と働きによって心を開くかどうかを決めて、やっと販売員の話を聞いて検討してくれて、自分を理解してくれている販売員だと思えば、この店で買ってもいいかな？　と考えはじめてくれるのです。買うか買わないかなんてお客様の値踏みをする前に、お客様に心を開いてもらうことだけを考えて行動しましょう。

「また来ます」「検討します」というお客様の言葉には、二つの意味があります。

店を出るための口実と、実際に言葉通りに思っているときに使われます。お客様がどちらの意味で使うかは、販売員の対応とお礼状によって決まります。

初めて来店されたお客様は不安です。販売員も不安です。「気に入ってもらえるだろうか？」「話を聞いてもらえるだろうか？」お互いに同じことを思っているのです。不安なうちは買い物しようと思っていただくことはできませんから、まずは販売員側からお客様にお声がけしましょう。

願っているだけで叶う恋愛がないのと同じ

お客様が当店で買ってくれたらいいなあ、と誰もがそう思います。そして、そこで取る行動は二つに分かれます。

ひとつは、ひたすら願う。

もうひとつは、買ってもらえるチャンスに届くように行動する。

どちらが売上げにつながるかは、私が言うまでもありません。願っているだけで叶う恋愛がないのと同じです。告白しないと、お付き合いできる可能性はゼロなのです。

店で商品を見ていて、「ちょっといいかも」と思っているときに、販売員が声をかけてこないだけで、「まっ、いいか。他の店でも」とお客様は思ってしまいます。

お客様は来店されたときは不安ですから、緊張して口数は少ないものです。口数の少ないお客様だからといって販売員まで口数を少なくしていたら、いつまでたってもお客様の緊張はとけません。モジモジしているだけでは、人間関係は成長していくことはありません。店頭ではない日常生活の状況で考えたら当たり前のことが、店頭という場面になるとわからなくなってしまうのです。

人と人が同じ場所にいて、お互いに認識しているのに会話がない……こういった状況は気まずいものです。人は、気まずい思いをした場所に好んで再び訪れることはしません。それなのに、販売側に立つと、そんな当たり前のことがわからなくなってしまうのです。お客様は、店頭での会話がなかった店には再来店しにくいのです。

あなたの店が、毎日何回入店してもおかしくない書店や食品スーパーであれば、会話がなくても気まずくなることはありません。でも、人生で数回しか購入しない商品を扱っている店だったらどうでしょうか。店頭で会話がないことで、お客様側は歓迎されていないように感じてしまいます。高額低購買率の商品を扱っているのであれば、店頭での会話を大切にしましょう。

人は、自分に興味を持ってもらえないことが何よりも辛い生き物です。

お客様が店頭にいらしたのに、それがわかっていて声をかけないのはいけません。お客様は、自分の存在を無視されたと感じてしまうからです。

こういった話をすると、よく聞かれる質問があります。

【でも、お客様は声をかけると逃げてしまいます。お客様に声をかけないですむ方法はありませんか？】

答えは……「ありません」です。

お客様が逃げていかない方法はありません。だって、他人のことはわかりませんから。他人を理解することは難しいものです。家族だって親子だって、相手が何を考えているかはわかりません。ましてや、初めて会うお客様をわかろうなんて難しすぎます。

お客様に声をかけても逃げていかない方法を考えるよりも、お客様は逃げるのが普通だから当たり前にしてほしいことがあります。それは、「声をかけること」です。

お声がけしてもしなくても帰ってしまうお客様なら、お声がけしたほうが反応する確率は上がります。何かに反応するかもしれない行動をしないと、反応する可能性はゼロのままです。そして、お声をかけていないがために、再来店にはなりません。それならば、どんどんお声がけをすればいいのです。

お客様は、興味がないお声がけには反応しませんが、続けて順番にいろいろなお声がけをされているうちに、興味がある声かけには反応します。同じことを何度も言うのではなくて、違うことを次々と、反応するまでお声がけをしてみましょう。お声がけの内容は、近所の住人と道端で会ったときにする〝井戸端会議〟の内容と同じでかまいません。

商売は、図々しいくらいで丁度いい「井戸端会議ルール」で声かけしよう

店に初めて来てくださった〝出会い客〟へのお声がけは、井戸端会議と同じ内容が基本です。たかが井戸端会議ですが、そこにはルールがあります。この井戸端会議ルールで話しかけたら、それほど嫌われることはありません。井戸端会議とは、当たり障りのない会話を続けながら人間関係をたしかめる方法だからです。

当たり障りのない会話には意味がありません。意味がなくても、大切な役割があります。それは、「他人に対する配慮」です。人間は他人との関係を作っていくのに、二段階に分けて関係性を構築します。まずは、「相手に対する配慮」を示し、その次に「伝えたいことを伝える」のです。

接客販売コミュニケーションは三角形をしています。まず、ベースとなる「相手に対する配慮」があり、その上にノウハウとなる「伝えたいことを伝える」部分が乗って、最後に接客販売の目的である「お買上げ」が乗っています。ベースを作るのは「意味のない会話」、ノウハウは「お客様とつながる行動」です。買上げを増やしたかったら、その下のノウハウを大きく、ベースの部分はさらに大きくするしかありません。意味のない会話を使ったお声

図3　接客販売コミュニケーションの三角形

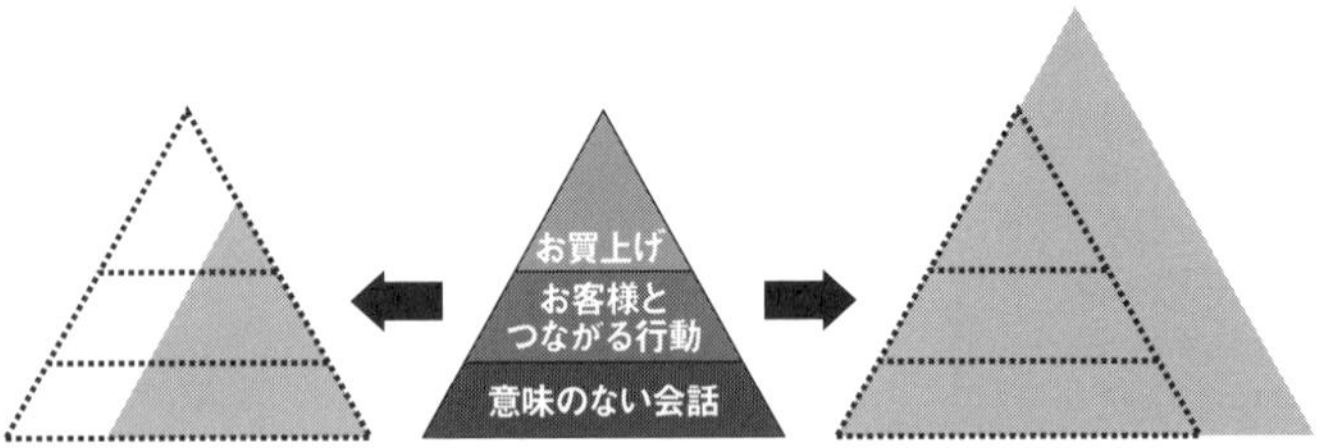

「意味のない会話」がお買上げの土台となる。
土台が小さいと、お買上げは小さくなり、
土台が大きいとお買上げも大きくなる

がけは、雑談へとつながっていきます。お客様との会話が盛り上がる販売員は、売上げづくりも上手です。まずは、ベースの「相手に対する配慮」となる井戸端会議ルールを実践しましょう。

井戸端会議のルールは二つです。

1：お互いに共通に持っていることを話題にする

2：会話を続けるためには図々しいくらいで丁度いい

お互いに共通に持っていることは、一般的な人であれば誰でも持っていることでもあります。

天気・家族・故郷・好き嫌い・趣味・誕生日・血液型・ペット・持ち物や服装・世間のニュー

ス等が共通の話題です。当たり障りのない内容です。これらを使って、まずはお客様にお声がけします。

お声がけの目的は、お客様と無難な会話を続けることです。来店したお客様は不安でネガティブだから、否定的な状態です。だから、こちらからお声がけをしない限り反応しません。不安でネガティブなお客様は〝おしゃべり〟をすることで緊張を解いてくれます。これは、お客様が〝ほっとした〟状態です。

お客様は、緊張したままでは本当の目的を教えてくれないし、販売側の提案にも聞く耳を持ちません。否定的な状態では、何を言われても頭に入らないからです。こうした緊張状態をほぐさないと、「また来ます」「検討します」と帰ってしまい、再来店することはありません。

さらに、緊張がほぐれたところで「お客様の住所氏名」を教えてくださいとお願いする必要があります。これも図々しいことが大切です。お願いをしなければ、教えてもらえませんからね。

お客様が「興味」があって自らしゃべれる話題に行き当たるまで、店側が図々しく井戸端会議的な話題を振り続けることです。新規客は、どんな商品やサービスか？　ということ以上に、どんな店員が対応してくれるのか？　を重要視するからです。

「お客様が来店早々に声をかけると嫌われる」などと言われますが、それはお客様の不安で緊張しているネガティブ状態を解消しないまま、いきなり店都合のお声がけをするから嫌われるのです。

井戸端会議的な当たり障りのない会話を続けることで、お客様は「この販売員は怖くなさそうだ」「こちらが聞きたいことに専門的に答えてくれそうだ」「無理な押売りはされないだろう」と感じてもらえます。こうした関係性を作っておくから、「お礼状」の効果も高くなるのです。

単に、いい人になりたくてお礼状を出すわけではありません。お客様に再来店していただきたいから出すのです。お礼状を出すにも、図々しさが必要です。こんなのを出したら嫌われるだろうか？　と考えてしまったのでは売上げにはつながりません。

お客様が戻ってくる「お礼状」には、行動を勧める一文が入ります。それによって、再来店してくださる確率が上がります。さらに、再来店してもらってから、最後に購入決断を確認するときにも遠慮していては決まりません。商売は図々しいくらいでちょうどいいのです。お客様が知らないということは、この世に存在しないのと同じです。お聞きしないとわからないのであれば、図々しく１００人に聞いて１人でも教えてもらえたら、その１人が売上げにつながっていきます。

お礼状も、出さないと届きません。お客様とつながる手段がなくては、売り込みすらできません。押売りするわけではありません。お客様に選んでいただくための情報を提供するのが販売側の仕事なのですから。

お声がけに迷ったときに便利な「井戸端会議は当てにして、笑顔」を覚えてください。

井戸端会議は当てにして（*^_^*）

い↓相手のイメージについて伝える（楽しそうですね、お困りですか、など）
ど↓どこへ行くの？　どこへ行ってきたの？
ば↓はやり（流行）
た↓誕生日
か↓家族
い↓田舎
ぎ↓季節
は↓初物
あ↓あいさつ
て↓テレビ
に↓ニュース

し　↓　趣味
て　↓　天気
(*^_^*)　↓　笑顔を忘れずに♪

お声がけのときや会話に困ったら、これらの内容を順番は適当に、反応がある話題にぶつかるまで話しかけ続けます。無反応でも気にしません。反応がある話題にぶつかるまで、順番に話していきます。コツは笑顔で話し続けることです。そして、反応があったら、そのことを当面の話題に決めます。お客様の興味ある話題を探すことが、井戸端会議の目的です。お客様は、興味があることは自らしゃべってくれます。

人は、自分がたくさんしゃべって、自分の話をたくさん聞いてくれた人に好感を持ちます。自分のことをたくさん知っていてくれる人を信じるようになります。「井戸端会議は当てにして、笑顔」を参考にして、他愛もない会話を繰り返すことで、初めて会った同士でも人間関係が作られます。

3章

下見客・見込客に「もう一度この店に行きたい」と言わせるファーストお礼状

どうして、「お礼状」が有効なのか

お礼状と聞いて、思い浮かべるものは何でしょうか。ハガキや手紙といった、郵便物を思い浮かべる方が多いと思います。電子メールでのお礼状もあります。いずれにせよ、文字で思いを伝えるものがお礼状です。本書では、ハガキや手紙、資料などに添える一筆もお礼状として扱います。その形態は、紙に文字を手書きするのが基本です。

お礼状は昔からあって、今も廃れないであります。インターネット回線や電波を介して瞬間的に映像でつながれる時代に、紙に文字を綴り手間と時間をかけて、わざわざ1人の元へと届けられます。お金もかかります。それでも廃れません。便利さだけで物事が選択されているなら、とっくに廃れていてもよさそうです。でも、なくならないのです。人は便利さだけを求めて生きているのではないと感じさせてくれます。

人は、自分のためだけに書かれたお礼状を読むときに、誰に言われたわけでもないのに相手のことを考えます。これは、何万枚も印刷されたダイレクトメール（DM）が届いたときと比べたらわかりやすいでしょう。多くの人に宛てて作られた誰かと同じものは、人の心に響きません。お礼状は、販売側がお客様のことを思って書きます。そして受け取ったお客様は、書き手のことを思い出しながら読んでくれるのです。こうした、お互いのつながりはうれしいものです。

お礼状は手書きにしなくてはいけないか？

よく、「お礼状は、手書きにしないといけませんか」と質問されます。「できれば、手書きにしてください」そう伝えると実に多くの人が、「私は字が下手だから、手書きなんてとんでもない」などと言われます。実は、お礼状はちょっとくらい下手な字のほうが得なのです。達筆で読めないのが一番いけません。人は、字の上手下手よりも書かれている内容を重視しますから、丁寧に書いてあれば、たとえ下手だとしても持ち味になります。

多くの人は、自分の手書きした字が嫌いです。書道の先生でさえ、自分の字はあまり好きではないと言われる方もおられるほどです。とくに、自分の名前を手書きするときにそう思うようです。自分の名前は、一番最初に書き覚える文字です。そりゃあ下手で当たり前ですよね。しかも、その下手な状態で何回も練習しますから、下手が定着しやすいのです。そうして手書きが苦手になっている人が多いのだと思います。

でも、ちょっとだけ思い返してみていただきたいのです。自分も苦手なことを丁寧にしてもらえると、心温かく感じませんか。それと同じで、多くの人が〝手書きは苦手〟と感じているからこそ、手書きのお礼状をもらうとうれしく感じるのです。だから、ぜひ手書きでお礼状を書いてみてください。書く側の好みではなく、受け取った側がうれしく感じることが大切です。

お礼状は、最終的にお客様に買っていただきたいから書くのです。書き手側の満足のために書くのではなく、お客様に喜んでいただき心を開いていただくために書きます。心を開いていただくことができれば、販売側の提案や話を聞いていただけるからです。

お礼状は、お買上げいただいたときにだけ書くものだと思っている人も多いようですが、そうではありません。買ったときにしかお礼状が来ないとしたら、ちょっと悲しくありませんか。

人は、自分の存在を認められることが何よりもうれしいのです。自分が相手に影響を与えることを、とくにうれしいと感じます。だから、お目にかかれてうれしかったというお礼状、お話が印象的で私まで影響されましたというお礼状、ふとしたときにあなたのことを思い出しましたというお礼状、お客様と関わるすべてが〝お礼状〟なのです。

お客様一人ひとりにピンポイントで関わることができるのがお礼状です。しかも、接客の空き時間に書くことができます。毎日数枚書くだけで、必ずお客様の再来店につながります。

もらって心痛むお礼状を書いてはならない

お礼状は手書きが基本ですが、手書きにしてはならないときもあります。それは、誰にでも同じことを書いているときです。

どの人に宛てても同じことを書くということは、印刷してもかまわない内容です。こうしたことを、わざわざ手書きされると、読み手は違和感を覚えます。手書きは超アナログです。アナログは一人ひとり違う対応をするということですから、手書きなのに全部同じ内容という部分に違和感があります。

どうして、手書きなのに誰にでも同じことを書いてしまうのかというと、〝手書き〟をテクニックのひとつと考えてしまうからです。お客様は、毎日毎日多くの販売側からのテクニックにさらされています。テクニック・ノウハウは1回目の効果が大きいですから、次も同じことをやりたくなります。

でも、テクニックやノウハウは飽きられるのも早いのです。内容の薄い文章を手書きにしても効果は低いです。それどころか、逆効果というお礼状も見かけます。

私は、さまざまなセミナーや講演などで出会った方と名刺交換させていただくことがあります。そうしたときに、お礼状を送ってくださる方も多いです。あるとき、こんなお礼状をいただきました。

「先日は、名刺交換をしていただきありがとうございました。何か保険で困ったことがありましたら、お気軽にご相談ください」。可愛らしい猫の絵ハガキに手書きでした。

名刺交換した方すべてに同じことを書いて送っているのだろうなと思ったら、ガッカリした気分になりました。この方が興味あるのは、私ではなくて、自分の保険の成績だけのようです。もし保険で困っても、絶対に気軽に相談はしないと決心しました。お礼状は、先方のことを中心に書くことが忘れてはならない基本です。

こうしたガッカリお礼状が来たときは、いつも自分自身に置き換えてみます。もし、私がこんなお礼状をお客様に送ったとしたら？「先日は、お買上げありがとうございました。また何かお買上げのときにはお気軽にご相談ください」……心がざらつく気がします。お礼状を出す相手に注目して、相手から感じたことを伝えるように書きたいものです。

ある日、私と一緒に働いてくれているスタッフが1枚のお礼状を見せてくれました。彼女は新しく犬を飼いはじめたばかりで、ドッグトレーナーの所に愛犬の「しつけ教室お試し」に出かけ、その訓練所からのお礼状でした。彼女が言うには、ドッグトレーナーは若い女性で感じも悪くなく本当に犬が好きそうだったから、続けて通ってみようかと思っていた矢先に届いたお礼状だったと。そして、このお礼状を読んで通うのをやめたと言いました。

お礼状は、絵ハガキに手書きでこう書いてありました。

「先日はありがとうございました。また、犬のしつけで困ったら何でもご相談ください」

飼い主と犬としっかりつき合った時間があるにもかかわらず、お礼状の内容は誰にでもあてはまることだけでした。実にもったいないと思います。細かくお客様のことがわかっているのだから、それをお礼状に入れ込んであれば、間違いなく彼女は、このドッグトレーナーの元に通っていたはずです。

たとえば、こんな感じです。

「先日はありがとうございました。ラブちゃん、しっかりと匂いをかいで用心深く進むことができていましたから、賢いですね！　Kさんが呼ぶと一直線に走って戻ってくる姿は、本当に可愛いです。きっと立派な番犬にもなれます。しつけ教室のスタートは月初めからです。お電話でも受付しております」。これは、実際にあったことだけをつないだ文章です。

お客様は、自分のことに注目して書いてもらえるとうれしいと感じて、再来店へとつながる行動をします。

お礼状を書くために必要な四つの要素

お礼状を書くために、次の四つを準備しましょう。

1：用紙とペン
2：送付するための住所・氏名
3：お礼状に書く材料（アナログ顧客管理）
4：反応があるお礼状の型

1：用紙とペン

官製ハガキでも、私製の白いハガキでもかまいません。紙面に書いた文字が目立つように、絵入りであっても淡い色合いの絵や、ポイントとして小さく入っているものを選びましょう。

私製ハガキであれば、記念切手を使うと「私のためにわざわざ書いてくれたのね」と女性客に感じてもらいやすくなります。ハガキの厚みも重要です。私製はがきであれば、官製ハガキの厚みよりも厚くしましょう。人は、紙を手で持ったときに厚いほうが重要感を感じるからです。せっかくの内容も、薄い紙では軽く受け取られてしまいます。

封筒と便箋の場合も厚みは大切です。茶封筒は、事務的な感じを与えるので避けましょう。横書きでも縦書きでも、自分が書きやすいほうを選びましょう。苦手なことに挑戦するよりも、得意なほうで早くはじめることが、早く売上げにつながります。

ペンは、万年筆を使うと読み手に〝大切にされている感〟が伝わります。インクが一定ではなく強弱が出るので、文面を見たときに深みが出て味わいを添えてくれます。価格帯も2000円台からあるし、カラフルなインク選びも楽しいものです。少々値段は張りますが、高級万年筆には、香り付きのインクなどもあります。手紙であれば、開封したときの香りは読み手に強い印象を残すことができます。

ボールペンであれば、水性ボールペンをお勧めします。こちらもカラフルなインクの替え芯が発売されています。読みやすく濃いめの色を選びますが、濃紺色や茶色など黒色だけではない楽しさがあります。筆ペンも特別感が出ます。ご自分の商品イメージに合わせて選んでみてください。私は筆圧が弱いので、水性ボールペンと万年筆を愛用しています。

余談ですが、店頭でお客様の見える場所で使うペンにも気を配りましょう。景品でもらったどこかの社名入りのボールペンなどは、お客様の気分をいっぺんに日常に引き戻してしまい購入意欲を下げてしまいますから店頭から撤去しましょう。

2：送付するための住所・氏名

お礼状を郵送するには、住所・氏名が必要です。「お客様に住所・氏名をお聞きしましょう」と言うと、「でも、それは難しいです」と返ってくることがあります。お客様に住所・氏名をお聞きすることを難しく感じる人も多いようですが、これには理由があります。

人は、ある二つのことが掛け合わさったときに住所・氏名をお聞きするのを難しいと感じます。「事実×感情」となったときです。この場合だと、「住所・氏名をお聞きするという事実」に「私自身は、住所・氏名をいきなり聞かれたら不安になるという感情」が掛け合わさったときです。

事実とは、誰が聞いても「そうだ」と答えること、感情とは、人によってそれぞれ違うことです。仕事として考えたら、住所・氏名を聞くという事実だけを実行したらすむ話ですが、そこに感情が入るから行動できなくなります。住所・氏名を聞かれたという事実に対して答えるのはお客様側なのですが、つい自分がお客様側の立場だったらどうだろう？　と考え、お客様の考えなのか自分の考えなのか混乱してしまう状態です。

商売において、すべてを決定するのはお客様です。店側は、お客様が決定するための情報を提供するのが仕事です。それなのに、お客様個人に決定を任せるべき所を、自分自身の感じ方で決めつけてしまってはいけません。

人は、断られるかもしれない状態で他人にお願いをするのは怖いことです。それは、単純に住所・氏名をお聞きするという事実の裏側に、住所・氏名を教えてくださいとお願いしてしまった私をこの目の前の人は嫌いになるのではないか？　という恐れがあるからです。

しかし、そんな心配は必要ありません。お客様は、教えたければ教えるし、教えたくなければ教えないだけです。断るという事実は、お願いした人を否定することではありません。単純に、それはしたくない、と言っているだけなのです。だから、事実の部分だけを行動してみてください。

具体的には、「事実対策×お客様側の感情対策」をします。「住所・氏名を記入してもらう用紙を準備する×住所・氏名を知らせるとお客様の得につながる親切を教える」ように行動します。事実対策として、住所・氏名を記入してもらう用紙を準備します。名前・住所・電話番号・メルアド・生年月日・その他、知っておきたいお客様の情報（結婚予定月や購入予定月など）を記入してもらえるように項目を作りましょう。

この用紙の頭に、顧客台帳などと書いてはいけません。お客様側の得を感じさせるタイトルを記入しておきましょう。たとえば、「保証控え」「最新情報優先送付台帳」「お得企画お知らせ名簿」などがお勧めです。感情対策として用意した、お客様にとっての得になる内容とリンクさせておきましょう。

感情対策の例としては、新しいカタログが入荷したら一番にお届けします・一般には知らせていない特別なお得企画を優先的にお知らせします・無料お試し保証控えなど、お客様がこの住所・氏名記入用紙に書くとどうなるか？　がイメージしやすいように記入用紙のタイトルを具体的に書きましょう。

これによって、記入するお客様は、未来を楽しみに待つイメージをしながら記入できますから、記入に伴う面倒という感情もケアすることができます。

住所・氏名を聞くのではなく、ポイントカードではダメですか？　という質問もよくいただきます。名前を聞かずに次回来店につながればと思いたい気持ちもわかりますが、高額品で一生に数回しか購入のない商品にはポイントカードは意味がありません。

ガソリンスタンドや飲食店や美容室など、比較的低額で何度もリピートできる商品では、住所・氏名をお聞きしないポイントカードだけで、次回来店と来店売上げを確保できますが、高額低購買率の商品では効果が出ません。

それよりも、高額品で一生に数回しか購入しない商品では、顧客カルテや保証書作成などで住所・氏名を聞くことはそれほど珍しいことではないので、ストレートに住所・氏名を聞く行動をして、お礼状送付先になる住所・氏名をお聞きしましょう。

3：お礼状に書く材料（アナログ顧客管理）

お礼状の文面を書くには〝ネタ〟が必要です。寿司を握るには、ご飯と魚が必要なのと同じです。料理するときに材料が必要なように、お礼状の文章を書くための材料が必要です。この材料には、お客様との会話記録を使うのが最適です。

お礼状を書くときには、「さて、何を書いたらいいのか」と悩みます。多くの人は、ここで〝手紙の書き方〟のようなお手本を参考にします。万人向けに書かれた、当たり障りのない内容をお手本にしますから、失礼ではないけれど、読み手の心に響くようなことを書くことはできません。

お客様が再来店したくなるお礼状を書くためには、お客様個人のことを必ず文面に書かなくてはなりません。人の記憶は曖昧です。一度お会いしただけのお客様のことは、忘れないつもりでいても、時間とともに細かい部分を忘れていってしまいます。だから、記録をするのです。

顧客カルテを作ります。現在も作っておられると思いますが、デジタル的なカルテを多く見かけます。よく見かける一般的な顧客カルテは、お客様の住所・氏名、お買上記録、技術的な覚え書き、修理記録など、買上げに対する記録が残されています。そしてデジタル化されています。パソコン（ＰＣ）の中にしまわれていて、ＤＭを送るときや買上記録が必要なときにだけ開かれます。これを手書きで、お客様との会話記録を残すカルテにしていただきたいのです。

デジタル保存ではなく、紙での保存をしてください。今までデジタル保存でPCの中にしまっていた部分は、そのまま続けてください。住所のラベル印刷時や、細かい買上げや修理の記録などを保存するにはたいへん便利だからです。ただ、便利な反面、お客様のことを思い出すことが難しくなりますから、売上げにはつながりにくくなります。

よく、お客様は店のことを忘れてしまったといって嘆く店主さんがおられますが、私にはおかしな話に思えます。店側がお客様のことをPCの中にしまってしまって、店側が先にお客様のことを忘れてしまっているのです。店側がお客様のことを都合よく思い出したときに、お客様も都合よく思い出してくれることなどありません。

商売は恋愛に似ていますから、店側がいつもお客様のことを思っているからこそ、お客様も店に好感を持ってくれるのです。紙に手書きでお客様との会話記録が書かれた顧客カルテを、いつも手に取れる所に置いて、時間があるたびに見返しましょう。

そうすることで、お客様にお礼状を書く口実が簡単に見つかるようになっていきます。お客様にピッタリな新商品を紹介するチャンスや、お客様が探しておられたものをタイムリーに提供することもできるようになります。

人の脳は、目の前にあるものの大きさで重要度を判断する癖があります。ＰＣに顧客カルテをしまってしまうと、ＰＣ画面の大きさが重要度になってしまいます。

見られるけれど、触れないというのも問題です。人は五感を使う生き物ですから、五感に訴えることが多いほど、それを重要だと感じるようになっていきます。顧客カルテで言えば、ＰＣ保存してある顧客カルテの重要度は、ＰＣ画面の大きさが重要度になります。使う五感は視覚だけだからです。

ところが紙の顧客カルテは、まず手に取ることができますから、ＰＣ画面と同じ大きさだとしても裏表があることになり、重要度は二倍になります。また、見るという視覚だけではなく、触ることもできます。

手で触れるときには、紙をめくる手触りと音、紙同士がこすれる音という聴覚、またわずかですが匂いもあり嗅覚も刺激します。その手触りや厚みで顧客カルテに対する重要感が上がっていきます。だから、顧客カルテの紙はちょっと厚めにすると、お客様のことを大切に感じることができて、お客様の心に響くお礼状を書きやすくなります。

こうした感覚を、デジタルに対してアナログと言います。アナログ方式で顧客カルテを作ると、デジタル方式しか顧客カルテを持たない場合と比べて、お客様に対する記憶が脳に多くしまわれます。デジタル方式は見るだけの記憶になりますから、記入してある内容以外のことは思い出すことができません。ところが、アナログ方式の顧客カルテは、そこに記入してある以上のことを思い出すことができるのです。

お客様の雰囲気や空気感や表情など、文字以外の情報を記入しておかなくても一緒に思い出すことができます。こうした感覚は、お礼状の文面に書き手側の感情として反映されます。感情が入っている文面だからこそ、お客様は反応してくださいます。

お客様との会話記録を、手書きで紙の名簿に書いて残しましょう。会話記録とともに、興味を持って見ていた商品や、来店時の服装や持ち物なども一緒に記録しておきましょう。これらを見ながらお礼状を書くと、そのお客様のためだけに思いを込めて書かれた、読み手側が「もう一度この店に行ってみよう」と感じるお礼状を書くことができます。

4：反応があるお礼状の型

お礼状はお客様が読むものです。だからお客様が読んだら、うれしい・またこの店に行きたい・この人にもう一度お願いしてみようなどと反応してほしいのです。

お客様に反応してもらえるお礼状には型があります。

①簡単なあいさつ
②過去の、お客様の事実

③現在の、書き手の感想
④未来の、お客様を予言
⑤書き手の名前

この順番で文章を作っていきます。

①簡単なあいさつ

書き出しのあいさつは、先日はご来店ありがとうございました、先日はお目にかかれてうれしかったです、などと軽く簡単で充分です。つい先日、実際に会っている状態のお礼状には、手紙お手本集に載っているような時候のあいさつは必要ありません。

久しぶりのお客様に手紙を出すときには、書き出しに迷ったら簡単なあいさつとして季節性を出すといいでしょう。それでも、やはり手紙お手本集のようなあいさつ文ではなく、〝暑い日が続きますね〟〝年末が近くなり気ぜわしくなってきましたね〟〝寒くなりコタツが恋しい季節ですね〟という感じで、ふだんお客様と出会ったときに交わす話し言葉と同じような文面にしましょう。お礼状は、個人から個人へ届けられるものですから、日常を感じさせると書いた人とお客様の距離感が近くなります。

②過去の、お客様の事実

今書いている状態が現在ですから、前回の来店時は過去になります。簡単なあいさつの次には、前回の来店時にお客様と会話したことや、お客様が取られた行動、お客様の持ち物のことなどを書きます。こうしたお客様個人のパーソナルな事柄を書くことで、「私のことをしっかりと見ていてくれた」と感じてもらうことができます。

お客様の事実を伝えることが、このお礼状は他と違うと感じさせ、最後まで興味を持って読んでもらう入口になります。たとえ短い文章でも、これは私のためだけに書かれているとわかると、読み手はうれしいものです。

③現在の、書き手の感想

お客様の来店時の会話や様子を書いたら、その事実に対しての感想を書きましょう。

お客様の事実によって、「私は○○と感じました」と書くのです。○○の中には心情が入ります。心情とは、心の中にある思いや感情のことです。なぜか日本人は、思ったことを言葉にすることが少ないのですが、前向きで明るい言葉であれば、言われるとうれしいものです。

人は、自分の言葉や行動に対して感想を言われると、自分の存在を認めてもらえたと感じます。直接言葉で言われることに慣れていない人でも、書いて伝えられることには抵抗がありません。「私のことをわかってくれる店で買い物したい」――そうお客様は思っています。お客様の事実に対しての感想を、心情を使って書いて伝えると「私のことを大切に扱ってくれていたのね」とお客様は心を開いてくださいます。

④未来の、お客様を予言

お客様の事実に対して感じた心情を書いた後には、お客様の未来を予言しましょう。お礼状の最後の文章は、お客様のことで締めくくりたいからです。よくあるお礼状の最後は、また困ったときにはご来店ください・何でも気軽にご相談ください・などと書かれていますが、これは店都合です。店がお客様に期待することです。店側の主張が目立って終わってしまったのでは、せっかくお客様に「この店は私のことをわかってくれる」と思ってもらったのに効果は半減してしまいます。

店都合を伝えて終わるのではなく、お客様が主役のままお礼状を終わらせたいのです。それには、興味を持っていただいた商品が、お客様の未来をどう変化させるかを書くことです。そうすることで、お客様は気になっていた商品を使っているシーンを想像します。再来店してもらうためには、未来を想像していただくことが大切なのです。

⑤書き手の名前

文章の締めは、あなたの名前です。店の名前を書いて、自分の名前も書きましょう。お礼状を読んで心を動かされたお客様は、これを書いた人に会いたいと感じます。商品と販売員に会いたいとダブルで思っていただいたほうが、再来店率が上がります。読み方が難しい名前や、間違われやすい名前の方は、読み仮名も書き添えましょう。相手の名前が呼べないことは、人にとって大きなストレスですから、それを解消しないと再来店自体がストレスになってしまいます。

お客様が喜ぶ
お礼状の型・実例

墓石屋さんが、見積りを依頼されて出したお礼状を紹介しましょう。

古い墓の簡単な修理の見積り依頼でしたが、このファーストお礼状を出してから修理見積り（5日後に出す個別提案お礼状と同じ役割になる）を出したら、契約が取れただけではなく、やっぱりきちんとした修理をしてほしいと、大幅な単価アップにもつながりました。1〜5に沿って書かれている部分を読み取ってください。

1：簡単なあいさつ

本日はお会いいいただき、ありがとうございました。

2：過去の、お客様の事実

たくさんのお話をお聞かせいただけました。

3：現在の、書き手の感想

アユかけの話は、とくに興味深かったです。竹の釣竿とか、かかったときの手ごたえとか、アユかけをしたことのない私でも想像してやってみたくなりました。

4：未来の、お客様を予言

もうすぐ今年のアユかけシーズンがはじまると、あの長〜い竹竿が大活躍するのでしょうね！　きっと、たくさんのアユがかかると感じています。

5：書き手の名前

S石材店　S

見積りの話には、触れていません。よくあるお礼状では、見積りの話を書きがちです。たとえば、こんな感じでしょうか。

「先日は、お見積りのご依頼をいただきありがとうございました。長年の経年劣化でもろくなっていますので、土台の部分を丈夫な石に変えていくのが一番でしょう。しっかりと見積りしていきますので、少々お時間をください。見積りができましたら、すぐに連絡させていただきます」

実例と比べると、自社の都合しか書いていません。実例は、相手のことだけ書いてあります。ファーストお礼状は、相手の存在を認めることが大切な目的です。人は、自分の存在を認めてもらうと、認めてくれた人の言うことをしっかりと聞いてみようと思うのです。

ファーストお礼状では、まず相手のことだけを意識して書きましょう。

私の定期勉強会の参加者さんから、お礼状の練習として私がもらった文面も紹介しましょう。短い一行の文をつないだだけですが、練習とわかっていても、私はうれしく感じました。

1：簡単なあいさつ

本日は質問の答えをいただき、ありがとうございました。

2：過去の、お客様の事実

山田さんは、質問に対していつも素早く対応してくださいますね。

3：現在の、書き手の感想

私は、そんな山田さんのスタンスがとてもうれしいです。

4：未来の、お客様を予言

これからも、さらに多くの経営者に信頼されるコンサルタントになられると感じています。

5：書き手の名前

㈱キュービック　W

難しい文章ではありませんが、事実～感想～未来予言で締めくくる流れがわかりやすいです。この流れをお礼状で作り出すと、お客様の心に残り、お客様からの反応がもらえるお礼状になります。

高額低購買率商品の礼状は「いかに違うものを少なく出すか」がポイント

お礼状は非効率です。一人ひとりに違う内容を考え、手書きして、届けられるまでに数日かかってしまう、手間暇の代表選手のようなものでしょう。来店時の会話や様子を記録したアナログ顧客カルテも作る必要があるので、さらに面倒になります。非効率で手間暇かかって面倒なほど、反応があるお礼状になります。だからこそ、高額低購買率の商品を扱っているのであれば、重要視していただきたいノウハウなのです。

手間暇がかかるということは、多くはできないということです。高額低購買率の商品を扱っている店に必要な顧客数は、低額高購買率の商品と比べたら少しの販売数でも商売が成り立ちます。

1回の買上金額が数十万円から数百万円、数千万円という商品は、年間顧客数が少なくてすみます。スーパーマーケットやクリーニングのように少額品を扱っていると、とてもではありませんが、顧客全員にお礼状を出すことはできません。低額でリピートが簡単な商品には、お礼状よりもポイントカードのほうが効果的です。手間暇かけている時間があったら、効率を重視したほうがいいからです。

顧客数を三角形で考えると、三角形の底辺の顧客数が多く、先端に向かうほど顧客数が少なくなっていきます。低額でリピートが簡単な商品を扱う店は対象顧客数が多くなり、効率重視の対策をしなくては業務が回らなくなります。こうした商品は、使えばなくなる日常消耗品などです。

これらの商品は、お客様個々の状況はそれほど考慮しなくても、多くの人に印刷された同じものを送っても反応が取れます。それは「今日、どうしてビールを買うのか？」の奥にある購買動機は、暑いから、好きだから、バーベキューをするから等、単純だからです。

リピートが簡単ということは、買い物に失敗しても損害は小さく、やり直しも簡単なのです。

片や、客数が少なくても成り立つ商売の場合、お客様個々の状況こそが購買動機になります。お客様ごとに違うわけですから、購買動機が複雑になります。失敗してもやり直しは難しくなります。

だから、より多くの人に同じものを送る効率重視のお礼状では効果がないのです。「私にピッタリなものはどれ？」という要望に応えるには、個別に対応するしかないのです。

高額品は接客にも時間がかかります。販売側のスタッフには専門性が必要になりますから、誰でもいいというわけにはいきません。専門知識を勉強したスタッフを配置しなくては信頼が得られません。スタッフが、ベストパフォーマンスで店頭を回せる以上にお客を集めても、接客が雑になりますから売れません。

高額品で接客が雑というのは、あり得ません。そして、それほどがんばって接客をしても、他店と比較検討されるという事実はひっくり返せないのです。そこを「やっぱり、この人にもう一度相談しよう」と思わせ、他店との比較検討をひっくり返すのが「アナログ顧客カルテづくりから取り組んだお礼状」です。

商品同士を比べているとき、人は冷静です。理性で買い物をする状態です。理性が強いままのお客様は、店や人の特徴よりも商品そのものを比べます。これでは、同じもの同士だったら、価格が安いか付属サービスが充実しているかで比べられてしまいます。この状態から、お客様に自店で買い物しようと決めてもらうためには人の力を使うことです。

人の力は、理性ではなく感情の部分を刺激します。理性を超えるには、さらなる理性ではなく、感情で対応すればいいのです。お客様を知識で言い負かそうとがんばる店を見かけますが、お客様の心のガードはより堅くなってしまい、話を聞いてもらうことに失敗します。童話『北風と太陽』の、太陽が感情で北風が理性です。お客様が心のガードを、自分から喜んで外してくれるためのお礼状は太陽の力を持っています。

難しくなく、誰でもできるのがお礼状です。だからこそ、軽く見られてしまうのか、派手な手法の陰に隠れてしまい、継続して力を入れている店が少ないのも事実でしょう。地味で当たり前で誰でもできる、しかし続けることが難しい、こうした手法は、お客様との信頼を作り出します。お礼状は、あいさつ・笑顔の接客・当たり前の品質・店舗の清潔さ見やすさ居心地のよさ等と同じで、あって当たり前、ないと致命的に客離れの起こる商売ツールです。

簡単で継続が難しいことは、商売のしっかりとした土台を作ります。それは、お客様との信頼関係を作り出し、お客に再来店や購入という行動を起こさせる力があります。

4章

「やっぱりコレ買います」
と成約させる、
お礼状を使った
４ステップ

お客様と初対面でも人間関係が作れる「会話方法」

すべての基本はお客様との会話にある

お客様に対して店側はプロで、店側に対してお客様は素人です。プロと素人だから、販売につながります。ところが、プロと素人だからこそ、すれ違いも起こるのです。

大分県にある時計店に男性客が来店されました。

「Gショックありますか?」。Gショックという時計ブランド名を挙げ、その時計を見たいと言われました。この時計店ではGショックは店頭在庫に置かず、カタログ取り寄せ対応をしていました。そこで、対応した販売員は「カタログでの取り寄せとなります。いくつかのシリーズがありますが、どのシリーズがご希望ですか?」とカタログをお見せしました。

お客様は戸惑った感じで、何も言わないで店を去ろうとしました。

そこに通りかかった店の社長が、お客様に声をかけました。

「お客様、店頭に置いていなくて申し訳ありません。ところで、どうしてGショックを気にしていただけたのですか?」

男性の返答は意外なものでした。「娘が、誕生日で時計がほしいって言うから。俺が使っているGショックでもいいのかなと思って見に来たんだ。時計はよくわからんから」と。お客様は時計にくわしくなくて、とりあえず自分が使っている時計ブランドの名前は知っていたから、その名前を口にされただけでした。

対応した販売員は間違っていません。お客様の質問に正しく答えていました。ところが、実はお客様はGショックが見たいわけでも知りたいわけでもなく、娘さんの誕生日プレゼントを探していただけなのでした。時計販売のプロである販売員は、時計のことだけを考えました。片や時計の素人であるお客様は、時計を買う理由を大切に考えていたのです。

社長とお客様との会話は進みました。

社　長「素敵ですね。私にはお嬢様の誕生日を大切にされているように感じます」

お客様「せっかく、時計がほしいって言われたから、何か喜んでくれる時計はないかと思って……」

社　長「そうですか。だから時計を見に来てくださったのですね。ありがとうございます。お嬢様はおいくつですか?」

お客様「今度18歳になります」

社　長「それはおめでとうございます。気を遣うお年頃かもしれませんね」

お客様「ははは。18にもなると、趣味とかサッパリわかりませんわ」

社　長「若い女の子の趣味は理解しにくいかもしれませんね。18歳くらいのお嬢様方に人気の時計ブランドもございます。よかったらご覧になられますか。20歳くらいの女の子に人気の雑誌にもよく取り上げられていますよ」
お客様「へぇー。じゃあ、見せてもらおうかな」
　こうして、お客様は無事に娘さんへの誕生日プレゼントの品定めに成功しました。お客様は商品のプロではないから、商品のことにくわしくありません。それなのに、商品の知識でお客様に対応すると、お客様に不信感を与えてしまうのです。素人は商品スペックよりも、自分の悩みと欲求を叶えてくれる商品を探しているのです。

究極の個人情報が目の前にある

　お嬢様の誕生日プレゼントを購入してくださったお客様との会話には宝があります。その宝とは、究極の個人情報です。娘さんの誕生日プレゼントを探しに来て、下見をしていただいたお客様の住所・氏名をうかがいました。新しいカタログが入ったら送ると申し出て、そうしてほしいと言われたからです。このお客様にはカルテが作られました。何も購入されていないのに、顧客カルテにしたわけです。だから、カルテには購入記録は残りません。その代わりに、来店当日の会話と様子が次のように記入されました。

40代後半くらいの男性、ラフな休日という感じの服装。「Gショックありますか?」と来店。在庫がないのでカタログになると伝えてカタログをお出ししたが、受け取らずに帰るそぶり。そこに社長が、「どうしてGショックが気になるのか」と聞く。娘さんの18歳の誕生日プレゼントに腕時計を贈りたかった。自分がGショックをしているから、とりあえずGショックと聞いてみたようだ。娘さんの趣味がわからない悩みアリ。娘さんに気に入ってもらえるかを心配している。一所懸命で応援したくなる。社長が、雑誌掲載のモデル着用を見せて反応あり。雑誌に掲載されている&芸能人もはめている所に安心したようだ。そんな商品が載ったカタログが新しく入荷したら送るとリストいただく。娘さん、○月○日18歳の誕生日。

このように、手書きで記入されました。住所・氏名はもちろんですが、これこそ究極の個人情報です。娘さんがいて、誕生日は○月○日で、娘さんの希望を叶えたいという優しさ、気に入ってもらえるかという不安、マスコミ有名人に弱い、基準となる評価も大切、一所懸命さが周りの人を巻き込む誠実さがある……。こうしたことが、店頭での会話からわかりました。

だから、これをカルテに記入したのです。何も購入はされませんでしたが、カルテを作るのは大切なのです。なぜなら、比較検討されている状況なので、後から追客しなくては他店で買われてしまう可能性が高いのです。他店でも商品を探されることは明白です。その前にもう一度来店していただけないと、自店での購入チャンスはありません。究極の個人情報は、そのお客様の表面だけを見てもわかりません。服や持ち物や、ましてや顔にも書いてありません。会話をしない限りわからないことが、究極の個人情報なのです。

従来の顧客カルテには、会話を記録することはなかったし、会話を記録することが何の役に立つのかも知られていませんでした。お客様との会話は、お客様と担当した販売員との間にある事実です。この事実は、他店にはないお客様と販売員の絆を作っていく第一歩となるのです。

アナログ顧客カルテに書かれた事実を元に、お客様にお礼状を書きました。

「西島さま。先日はご来店いただきありがとうございました。お嬢様の誕生日を大切にされて、一所懸命に気に入ってもらえるデザインを探されておられましたね。つい、応援したくなってしまいました。こんなお父様をお持ちのお嬢様は幸せだと思います。先日ご覧いただき、気に入っていただいたモデルさん御用達の腕時計は、お嬢様の腕で一緒に思い出を作っていくことでしょう。新しいカタログが届きしだい、またお送りさせていただきます」

究極の個人情報があれば、たった1人のためだけのお礼状が書けます。

お声がけのタイミング

お客様との会話を記録しましょうと言うと、その会話が難しいと相談されることがあります。会話をするには、お客様側から声をかけてもらうか、店側から声をかける必要があります。お客様から声をかけてもらえば話せるが、店側から声をかけたのではお客様が逃げてしまうと心配されます。お客様はお声がけすると、それを嫌って二度と来店されないと思う人も多いようです。

ですが、ちょっと考えていただきたいのです。お声がけしてもしなくても、声をかけてくださったお客様以外は、ほとんど再来店されないのです。

お声がけをしないということは当然、住所・氏名をいただいてカルテを作るチャンスもありません。そして、店側からお声がけすると、カルテを作るチャンスが得られるのです。お声がけしないで再来店がないのであれば、お声がけして再来店につながるチャンスを作ったほうがいいのです。お声がけをして失敗したとしても、結果は今までと変わりないからです。

リピートが簡単な商品を扱っていれば、とくに声をかけなくても再来店につながるでしょう。書店やスーパーマーケットは、1日何回来店しても変ではありません。こうした商売は、ほとんどがセルフサービスです。お客様が自分で用事をすませて買い物をして帰ります。スーパーマーケットなどでは、自分でレジ作業までやるセルフレジの導入も進んでいます。セルフが主な接客方法になっている業種であれば、お声がけは必要ないかもしれません。しかし、セルフが主流の業種でも、お客様との会話を重視する流れに変化してきています。セルフの店でも、販売員との会話が多いほうが1回の買上単価が高くなる傾向があるからです。

対面販売が主流の業種は、高額商品か技術サービスが商品です。何十万円もする商品をいきなりカゴにひょいと入れる人はいないし、理美容や検眼や整体や家庭教師などは、会話をしなくては仕事になりません。対面販売は、販売員の対応如何で単価も買上率も大きく変化するのです。物とお客様との間に会話が入ることが、高額品を扱うときの大切なポイントです。

それでは、どんなタイミングでお声がけをしたらいいのでしょうか。基本は、来店されてすぐに1回、続いて行動の様子を見て2回目です。来店されてすぐの1回目のお声がけは、「いらっしゃいませ。こんにちは」といったあいさつで充分です。このお声がけの目的は、「販売員の私は、あなたの来店を確認しましたよ」ですから、お客様の目を見てにっこり微笑むことをお忘れなく。明確な目的があるお客様は、ここでくわしいことを話しはじめます。

2回目のお声がけは、お客様が店内を一周されたタイミングで、世間話でお声がけしましょう。いわゆる井戸端会議の内容で話しかけると、当たり障りのない話題でお客様も嫌がることはありません。天気の話でも、今話題のニュースでもいいのです。いきなり商品の話に持っていこうと、焦らなくても大丈夫です。何でも準備運動が必要です。まずは、「はい、いいえで答えられる簡単な質問」をしてみましょう。「暑いですね」「はい」だけで終わってもかまいません。ブッと会話が切れてもいいので、「はい、いいえ」で答えられる簡単なお声がけを3回ほどしましょう。

ふらっと、高額品を見に店に入る人はいません。必ず何らかの目的があります。カタログ集めかもしれません、下見かもしれません、待ち合わせ時間までの時間つぶしかもしれませんが、必ず目的があります。だから、簡単なお声がけを3回したら、「ところで、今日は下見ですか？」と聞いてみたらいいのです。売り込まれる不安がある人は「はい。下見です」と答えますから。それでもいいのです。目的は、声をかけて何でもいいから会話に入ることです。会話だけが、お客様の緊張とネガティブな状況を打ち消すことができます。

受け答えにもうひと工夫、「受けたら応じる」

お客様側から声をかけてもらったのに、その会話で最も大切に扱わなければならない部分を知らないために、住所・氏名がいただけないケースもあります。これは非常にもったいないことです。

高額品か低額品かにかかわらず、来店型店舗の特徴のひとつに、お客様には必ず来店動機があることが挙げられます。

基本的に、お客様は対面接客の店舗に気軽には入店しません。来店動機の用件が下見比較検討だと、販売員に自ら積極的に声をかけることは避けます。まだ買うかどうか決まっていないのに、売り込まれたら困るからです。

それと対照的に、来店動機が明確な場合は、販売員を見つけた瞬間に用件を伝えてきます。こんなお客様ばかりだと楽だと思うかもしれませんが、期待をして声かけしてくるので、上手に答えないとガッカリさせてしまいます。

お客様との会話には法則があります。「受け答え」という言葉がありますが、お客様側からのお声がけを受けて販売員が答える場合に使われます。ここで気をつけていただきたいのです。お客様からのお声がけに、算数のように答えてしまうとお客様はガッカリするのです。問いかけにきちんと答えるので怒られることはありませんが、それ以上でも以下でもないため、お客様の心は動きません。

そうすると、住所・氏名までいただくことはできません。受けたら答えるのではなく、「受けたら応じる」を基本にしましょう。応じ方が上手になると、お客様の満足を引き出せますから、再来店へとつなげることができます。

△受け↓お客様の話を聞く　答え↓正しい答えを言う
◎受け↓お客様の話を聞く　応じる↓お客様の話を聞いて感じたことを伝え返す

お客様の言葉を受けた上での販売員の答え方で、印象が変わります。先出の「Gショックありますか」と声をかけてくれたお客様の事例がそうでした。

お客様「Gショックありますか？」

販売員「カタログでの取り寄せとなります。いくつかのシリーズがありますが、どのシリーズがご希望ですか？」（とカタログを見せる）

このパターンは「受け答え」です。間違ってはいませんが、お客様の心は動きません。これに対して……

お客様「Gショックありますか？」

社　長「お客様、店頭に置いていなくて申し訳ありません。ところで、どうしてGショックを気にしていただけたのですか？」

お客様の言葉に対して、販売員の感じたことを伝え返しています。

「受け答え」と「受け応じる」には大きな違いがあります。受け答えの内容は商品説明が多く、受け応じるの内容は、お客様の言葉に対しての感想を返していきます。お客様に興味を持たないと、応じることはできません。「Gショックありますか？」と聞いてきたこのお客様は、どうしてGショックが見たいのだろう？」と感じることが大切です。

人は、自分に興味を持ってもらえることがうれしいのです。下見で比較検討される業種は、商品だけで勝負をすると最終的に値段勝負になっていきます。値段勝負は、資本という体力勝負ですから、大手資本の店に負けてしまいます。そうした戦いではなく、お客様から「やっぱり、あなたにお願いしたい」と言ってほしくはありませんか。

そのためには、商品を売ることよりもお客様そのものに興味があります、と伝わるようにします。その方法が「受け応じる」です。

お客様「Gショックありますか？」

販売員「店頭には在庫がないので、カタログでのお取り寄せとなります。ところで、どうしてGショックを気にしていただけたのですか？」

お客様「娘が誕生日で時計がほしいって言うから。俺が使っているGショックでもいいのかなと思って見に来たんだ。時計はよくわからんから」

販売員「素敵ですね。私には、お嬢様の誕生日を大切にされているように感じます」

お客様「そうなんです。せっかく時計がほしいって言われたから、何か喜んでくれる時計はないかと思って……」

販売員「そうですか。だから時計を見に来てくださったのですね。ありがとうございます。ところで、お嬢様はおいくつですか？」

お客様「今度、18歳になります」
販売員「それは、おめでとうございます。気を遣うお年頃かもしれませんね」
お客様「ははは。18歳にもなると、趣味とかサッパリわかりませんわ」
販売員「若い女の子の趣味は理解しにくいかもしれませんね。18歳くらいのお嬢様方に人気の時計ブランドもございます。よかったら、ご覧になられますか。20歳くらいの女の子に人気の雑誌にもよく取り上げられていますよ」
お客様「へぇー。じゃあ見せてもらおうかな」

こうしたやり取りが「受け応じる」の流れです。お客様の興味を持たれた理由をお聞きすることなく、いきなり商品を勧めても、「そうですか……」といった反応で終わってしまいます。商品説明をはじめる前に、お客様自身に興味を持ってお声がけしてみましょう。その後の商品説明に対する反応がよくなり再来店率も上がります。

お客様の気持ちなんて、わからなくて普通

お客様に興味を持ってお声がけしようにも、お客様の思っていることと違ったらどうしようと悩む人もいます。ですが、他人の気持ちがわかる人なんていません。夫婦でも親子でも、

わからないのです。ましてや、お客様と販売員が初対面でいきなり他人の心がわかるなんて、あり得ません。実は、それでいいのです。相手のことがわからないから聞くことができます。お客様のことがわからないからこそ、お客様に興味を持つことができます。何度も言いますが、人は興味を持ってもらうとうれしく感じるのです。

お客様の会話を盗んではいけません

お客様「娘が誕生日で時計がほしいって言うから。俺が使っているGショックでもいいのかなと思って見に来たんだ。時計はよくわからんから」
販売員「素敵ですね。私にはお嬢様の誕生日を大切にされているように感じます」

この部分を思い出してください。

お客様は、どこにも娘の誕生日を大切にしているとは言っていません。販売員の勝手な感想です。もし、お客様が娘さんの誕生日を大切に思っていなかったとしたらどうでしょう。それは違うと怒り出すでしょうか。実は怒らず、「へぇー。あまり考えたことがなかったけど、俺ってそんな部分もあるよなぁ」と、新しい気づきを持ちます。

ところが……

お客様「娘が誕生日で時計がほしいって言うから。俺が使っているGショックでもいいのかなと思って見に来たんだ。時計はよくわからないから」

販売員「わかります。私なんかもいつも悩みます。この間も友だちの誕生日で……」

と、販売員が自分の話をはじめたらどうでしょうか。

お客様は気を悪くしてしまいます。こうした会話を「会話泥棒」と言います。店舗での主役はお客様です。それなのに、お客様の会話を奪ってしまってはいけません。

お客様のことなんて、わからなくて普通です。だから、興味を持って質問できるのです。

お客様が口にされた言葉は、そのお客様にとって何か意味があることなのです。人は、どうでもいいことや興味のないことは言葉にしません。お客様から声をかけていただいたときには、すぐに答えを出すのではなく、その言葉に対する感想を伝えましょう。お客様の言葉は、その方にとって大切な事柄なのです。お客様が思っていることと違ってもかまいません。感想を返さなくて会話が終了してしまうと、アナログ顧客カルテに記録することがなくなってしまいます。

お客様に、感想を返すときはコツがあります。話しはじめに「私は」と主語をつけてしゃべりましょう。販売員の考えや思いを伝えるときは、「私は」と主語をつけるだけで会話が弾んでいきます。主語があると、お客様は販売員の話を反発なく受け止めてくれます。簡単ですが、効果絶大な方法です。

会話が下手でも、お客様の観察だけできればＯＫ

お客様との会話が、流れるようにできなくても大丈夫です。高額品で下見比較検討に来ているお客様には、その場で無理に押売りしなくてもいいからです。

ちょっと押売りしたくらいで買ってもらえるようなら簡単なのですが、お客様は日々さまざまな販売活動にさらされていますから、ちょっとぐらいの押売りには慣れてしまっています。だから押売りするよりも、お客様を観察して、販売員の感じた思いを伝え返すことで、「あれ？　この店は、何か他店とは違うな？」と感じてもらうことのほうが大切です。

断り上手なお客様が増えています。それは、ノウハウと呼ばれる手法だけが氾濫した影響です。新しい手法は物珍しいので反応しますが、すぐにもっと珍しいもっと刺激的な方法でなければ反応しなくなっていくものです。

新しい手法は薬と同じです。1回目は効果がありますが、すぐに慣れてしまってもっと刺激のあることを提供できなければ、見向きもされなくなってしまいます。顧客カルテをいただくことができても、珍しさや新しさを優先してお客様と接すると、その名簿をすぐに殺してしまうことになります。

私のクライアントの娘さんのお話です。

その小学2年生の娘さんには、学習教材会社から通信教育教材の資料が送られてきます。

入会を促すためのDMですが、非常に手が込んでいます。あるDMには、封筒の表にかわいらしいキャラクターが描かれ、そのキャラクターからのお願いが書いてありました。「ここを開けてね！」と。はたして、その通りに封筒を開けると、開けた所から「開けてくれてありがとう！」という絵柄が見える仕組みになっていました。これを実行した小学2年生の娘さんは、「ふ〜ん。今回は考えたわね。でも、こんなことで入会はしないわよ」と言いました。

この学習教材会社からは、0歳から定期的にDMが届き続けています。人の脳は刺激には満足することはありません。もっともっとと、より強い刺激を求め続けます。お金をかけて作り込まれた販売活動に、物心ついたときからさらされ続けているのが現代のお客様です。刺激の強い物珍しい手法は、たまに使うから効果があるのです。やりすぎてはいけません。基本は「今も昔も存在して、効果が変わらず反応するもの」で、お客様に対応することが大切です。

どんなに手が込んでお金が使われているノウハウでも、すべての人に同じものが届いているとわかるのは興ざめです。1人のためだけに書かれた手書きの一文のほうが、お客様の心をつかみます。

お客様の心をつかむ一文は、お客様を観察することさえできれば書くことができます。お客様に対して上手なことを言うのが目的ではありません。人は、自分の存在が他人に影響を与えたのだとわかるとうれしいのです。お客様を観察して知った事実と、それに対して感じたことを伝えることで、お客様に「私はあなたに影響されました」と伝えることになります。

私の店に、小さなお客様がお見えになるときがあります。お母さんに連れられたお子様たちです。小さなお客様は、洋服やオモチャで自己主張をしています。おめかしした女の子には、「かわいらしいスカートですね。とくにここのボタンがキラキラで素敵ですね。似合っていますねー！」と感想を伝えます。人気の戦隊レンジャーTV番組キャラクターのTシャツを着ている男の子には、「カッコイイですね！　あなたが好きなのは誰ですか？」とインタビューします。すると、必ず大好きなレンジャーの真似をして教えてくれます。

そうして彼らは店の前を通るたびに、お母さんに「ここに入る」と言ってくれるようになるのです。彼らには何の用事もない店です。主力商品が眼鏡と宝石と時計修理ですからね。それでも、自分の存在を認めてくれた所には「行きたい」と感じてくれるのです。子どもだからではありません。損得のない子どもだからこそ素直に表現してくれますが、大人も子どもも基本は同じです。人は、自分を認めてくれて、自分に向けたメッセージをくれた人を好きになります。

未来予告が反応率を上げていく

私の店に来てくれた小さなお客様には、帰り際に「またこの店の前を通ったら寄ってね」と未来予告をしておきます。小さなお子様ですが、素直に教えた通りに、私の店の前を通ると「ここに入る」と言ってくれます。

大人でも同じです。時計を探していたお客様には、帰り際に「新しいカタログが入りましたらお送りさせていただきますね」と伝えています。これも未来予告です。お客様と未来につながる方法を教えておくこと、未来のお客様の行動を予告しておくことを「未来予告」と言います。

未来予告をしておくと、店側からお客様にコンタクトをとったときに嫌がられません。それどころか喜んでもらえます。これは、人の行動の癖が影響しています。人は予定にないことを不審がる傾向があります。いきなりかかってくる見ず知らずの人からの電話、突然やって来る知らない会社からの飛び込み営業をはじめ、家族間でさえ、予定外は嫌われます。ご主人が奥様の誕生日を祝おうと、突然「これから食事に行こう」と誘っても、「えー？　これから？　もっと早く言ってよ。今日の夕飯作っちゃったのに」などとブーイングされることもあります。

店から手紙を出したり電話をすると、お客様に嫌われると思っておられる方が多いですが、実際は「予告していないのに、いきなりかける売り込み電話」だから嫌われるだけなのです。

腕時計を探しに来たお客様に、「新しいカタログが入りましたらお送りさせていただきますね」と伝えているからこそ、「あ、先日言っていたカタログが入ったのかな？　どれどれ……」と送られてきたときに興味を持ってご覧いただけるのです。

このGショックを探しに来たお客様には、来店していただいた5日後にカタログが手元に届きました。そのカタログには付箋を貼っておきました。お客様との会話記録には、芸能人御用達モデルに安心感を持ったようだと記録してあったので、カタログの中の、芸能人御用達モデルに付箋を貼っておいたのです。もちろん、その付箋には「人気の女優さん着用モデルはプレゼントにすると喜んでもらいやすいです！」と、お勧めの理由をひと言書き添えておきました。こうした小技が使えるのは、お客様との会話記録と、お客様の興味を持たれた部分を記録してあるからです。的外れな部分に付箋を貼っても意味はありません。

人の記憶はいい加減です。忘れやすく、すぐに曖昧にもなります。だから必ず記録してほしいのです。そのときに、未来予告をした内容もしっかりと記録しましょう。

付箋を貼ったカタログとともに、店側スタッフからのお礼状も1枚つけました。

「Nさま。お約束の新しいカタログをお届けさせていただきます。とくにお勧めのモデルに付箋を貼っておきました。人気女優さんの着用モデルなので、お嬢様にも喜んでいただけること間違いないと思います。そうでなくても、このモデルは制服やスーツなどにも合わせやすく、大人の女性として成長されていく方にピッタリです。店頭に入荷しておりますが、人気モデルのため、早めに一度ご覧いただきたいと思います。きっと気に入っていただけ笑顔になっていただけると感じています」

　こうして、初回来店から1週間後に再来店いただき、無事喜んでご購入いただきました。Gショックと比べて数倍の価格だったので、店にとってもうれしい結果でした。

会話を記録しておく「アナログ顧客管理」は未来の売上げを作り出す

買上記録よりも大切なこと

従来の顧客管理は、買上記録を管理しました。これをPCに保存して、必要になったときだけ引っ張り出して使用する管理方法です。過去をPCにしまう管理です。

過去記録を調べるには、紙で保存しておくよりもPC管理が便利です。名前や住所や誕生日を利用したDMの宛名管理には、とくに便利でしょう。年賀状の宛名ソフトのイメージです。買上記録からアフターサービスを提供するにも検索が簡単です。買上記録は店を続けていく限り増え続けていくため、検索で簡単にピンポイントに必要な情報が手に入らないと時間がかかります。この時間を短縮するために、顧客データをデジタル化する手法が発展してきました。

私も、顧客情報はデジタル化しています。DMを作成するとき、ある一定の条件に合う顧客を検索するときなどに便利です。誕生日ハガキを送るときにも、月別に対象顧客の一覧を作ることも簡単です。買上記録と修理記録は、お客様側からのクレームに対応するときに正確な情報となってくれます。お客様の思い違いに、感情的にならずに対応することができます。

料金受取人払郵便

神田局
承認
8501

差出有効期間
平成30年6月
19日まで

郵便はがき

101-8796

511

(受取人)
東京都千代田区
神田神保町1－41

同文舘出版株式会社
愛読者係行

毎度ご愛読をいただき厚く御礼申し上げます。お客様より収集させていただいた個人情報は、出版企画の参考にさせていただきます。厳重に管理し、お客様の承諾を得た範囲を超えて使用いたしません。

図書目録希望　　有　　無

フリガナ お名前		性　別 男・女	年　齢 才
ご住所	〒 TEL　　（　　）　　Eメール		
ご職業	1.会社員　2.団体職員　3.公務員　4.自営　5.自由業　6.教師　7.学生 8.主婦　9.その他（　　　　）		
勤務先分類	1.建設　2.製造　3.小売　4.銀行・各種金融　5.証券　6.保険　7.不動産　8.運輸・倉庫 9.情報・通信　10.サービス　11.官公庁　12.農林水産　13.その他（　　　　）		
職種	1.労務　2.人事　3.庶務　4.秘書　5.経理　6.調査　7.企画　8.技術 9.生産管理　10.製造　11.宣伝　12.営業販売　13.その他（　　　　）		

愛読者カード

書名

◆ お買上げいただいた日　　　　年　　月　　日頃

◆ お買上げいただいた書店名　（　　　　　　　　　　）

◆ よく読まれる新聞・雑誌　（　　　　　　　　　　）

◆ 本書をなにでお知りになりましたか。

1．新聞・雑誌の広告・書評で　（紙・誌名　　　　　　　　）

2．書店で見て　3．会社・学校のテキスト　4．人のすすめで

5．図書目録を見て　6．その他（　　　　　　　　　　）

◆ 本書に対するご意見

◆ ご感想

●内容	良い	普通	不満	その他（　　　　）
●価格	安い	普通	高い	その他（　　　　）
●装丁	良い	普通	悪い	その他（　　　　）

◆ どんなテーマの出版をご希望ですか

<書籍のご注文について>

直接小社にご注文の方はお電話にてお申し込みください。宅急便の代金着払いにて発送いたします。書籍代金が、税込1,500円以上の場合は書籍代と送料210円、税込1,500円未満の場合はさらに手数料300円をあわせて商品到着時に宅配業者へお支払いください。

同文舘出版　営業部　TEL：03－3294－1801

また、個別番号が刻印されている時計や宝石などが盗難にあったときに、間違いなくお客様のものであると証明するお手伝いができて、お客様のもとへ思い出のある品を取り戻す決め手となることもあります。過去記録は、お客様も店も守ることがあります。だから、過去記録をデジタル化するのは、作業時間を減らすためにもお勧めしたいことです。

ただし、あくまで作業時間を減らすためにお勧めしています。なぜならば、過去記録は未来の売上げを作ってはくれないからです。

どの店にも「買上記録」は残りますが、「買わなかった記録」は残りません。日常品で、定期的にリピート購入する商品は、買上記録から、お客様の好みがわかります。食料品や飲食メニューや髪形や化粧品などです。これらは、同じ好みで何度もリピート購入されますから、買上記録だけでも定期的にお客様に接触するだけで売上維持することができます。

ところが、高額で一生に数回しか購入しない商品は、買上記録だけでは売上げづくりは難しくなります。そもそも、購入してもらえる回数が少ないのですから、1回買っていただいても、次に買っていただくときには好みも環境も変わっていることが多くなります。好みと環境が変わってしまうと、必要とするものと条件が変わるわけですから、以前の買上記録を参考にしようにも的外れになってしまいます。

購入しなかった記録とは、「ご来店になったけれど、購入しなかった記録」です。それはくわしく言うと、「来店した理由＋購入しなかった理由」です。この二つが記録に残っていれば、未購入のお客様に「もう一度来店してもらう」確率を高めることができます。

東京都の宝石店で、「母子で一緒に使用できるネックレスがほしい」と来店されたお客様は、娘さんがほしいと思うデザインが見つからず、未購入のまま帰られてしまいました。

担当者は、その日のお客様との会話をしっかりと手書きでノートに記録していました。そこには、どうして母子で一緒に使用したいと思っているのか、お母様が気に入ったけれど娘さんが求めていたデザインがなかったこと、娘さんとお母様のどちらも納得するデザインとして求められていたこと、そして希望に沿う物を見つけたら連絡すると伝えたことが書かれていました。

担当者は、この会話記録をもとにお勧めしたい商品を探し出して、展示会のときにお誘いしました。通常高額品の展示会へのお誘いは難しいのですが、会話記録をもとにしたお礼状でのお誘いで、喜んで来店いただき購入につながりました。しかも、電話でお誘いしたのですが、電話をかけたのは、お客様と実際には会ったことがないスタッフでした。お客様を知らなくても、会話記録を見ることでピンポイントにお誘いすることができたのです。

ペンとノートがあればできる顧客管理

ＰＣが普及する前の顧客管理はアナログでした。古くからある顧客管理台帳としては、「大福帳」がイメージしやすいでしょう。

これは、江戸時代からある売掛帳です。どこの誰それが、何日に何をいくらで買って、入金はいつされたか、残高はいくらかが記入されます。大福帳は徐々に簿記に取って代わられ、現代では葬式時の香典帳にその姿を引き継いでいます。そして、大福帳に、年賀状を出すために顧客の宛名を打ち出すためのソフトが合体したものが、現在のデジタル顧客管理へと形を変えてきました。

そもそも、顧客管理ソフトに入力する情報はアナログです。情報はアナログからはじまります。電子配信される最新ニュースも、人がアナログで集めた情報がベースです。アナログで集めた情報を保存・配信する方法として、デジタルを採用するかアナログを採用するかを選ぶ状態があるだけです。

ときどき、「使える顧客管理ソフトはありますか?」などと質問をいただきますが、使えるかどうかは、どれだけアナログ情報を集めることができるかどうかに左右されます。顧客管理台帳に記入する情報はアナログで集めない限り、いつまでも真っ白なままです。

アナログで情報を集めるとは、見たこと聞こえたこと触ったこと味わったこと嗅いだこと、つまり視覚・聴覚・触覚・味覚・嗅覚の五感を使って感じた情報のすべてを記録するということです。

五感から、あなたが感じた「感情」を第六感と言います。あなたが五感を通して感じた第六感までを記録しておきましょう。

お客様とのやり取りをデジタル機器に録音録画したとしても、それだけでは何の役にも立ちません。ただ、状況がデジタル保存されることに意味はありません。そこから何を読み取るか、何を残すかを決めることはアナログ的な作業です。

アナログ的とは、地道で面倒で効率が悪そうに感じる部分が多いものです。効率が悪い、のではなく、悪そうに感じる、という部分に注目してください。

「すべてのお客様に共通する」とか「みんなが思うこと」とか「誰もがしていること」を効率よく見つけて管理する方法がほしいと言う方がいますが、それはあり得ません。

なぜならば、「すべてのお客様」というお客様はいないし、「みんな」というお客様も存在しないし、「誰もが」というお客様もいません。

お客様はすべてが、たった1人の存在です。だからこそ、接客は1回1回が勝負だとも言われます。たとえ同じお客様だとしても、毎回の接客内容は必ず違います。お客様はロボットでもデータでも機械でもなく、生きている人間です。お客様をデータと勘違いしてしまうと、PCの中にしまって自己満足した状態になってしまうでしょう。

お客様は生きているし、さまざまなことを考えて毎日違う体験をされています。そのすべてを知ることはできませんが、せめて自店と関わってくださった記録は「活きた情報」として活用したいものです。

情報を活きたものにする方法は、ペンを持って紙に書きつけることです。活きた情報を売上げにつなげていくには、こうしてアナログ的に記録した顧客情報を元に、お礼状でお客様と接触していくことです。

手元にペンと紙を用意しましょう。

ペンは、鉛筆でもボールペンでも、自分が使いやすいものなら何でもいいでしょう。紙も、ノートでもコピー用紙でも何でもいいのです。すぐに手に取れて、いつでも見直すことができれば、充分に用は足ります。ただ、自分なりの統一した体裁は作ったほうが管理しやすいでしょう。

お客様1人に対して、接客やお手紙や電話の記録が付け加えられていくので、1枚ずつ足していけるようにバラせるバインダーノート形式もお勧めです。お客様とのやり取り記録を日報替わりにしてもいいでしょう。

お客様との会話記録はいつ書いたらいいのか

基本は、お客様が帰られたらすぐに書くことです。

店頭では、新しい出来事がどんどん起きていますから、覚えているつもりでも記憶はどんどん失われていきます。接客は、お客様が帰ったら終わりではありません。会話記録を書いて、それを元にしたお礼状を書くまでが接客です。

お客様は不思議なもので、忙しいときに限ってなぜか集中します。店内にお客様がいると販売員にも動きが出ます。人は〝なわばり〟を意識しますから、店内にお客様がいなくて店員がじっとしている状態を「なわばりを主張している状態」としてとらえます。他人が、なわばりを主張している場所に足を踏み込むのは本能的に避けたいと思うのが人です。

来店客があり対応をしていると、この〝なわばり〟主張にスキができます。

接客中は目の前のお客様に集中しますから、他の入店客への注目率が下がります。接客以外でも、窓ふきや品出しなど肉体労働をしているときも、入店してくるお客様を待ち構えることはありませんから、お客様にとっては入店しやすくなります。だから、人が入りかけると次々と人が入ってきます。

お客様が来店しないと接客ははじまりませんが、次々と来店が重なるとその場だけの接客に終わってしまいがちです。これが、来店イコール売上げという業種であれば問題はありません。

ところが、初回来店のほとんどが下見検討客となる業種は、その場限りの接客で終わってしまったのでは、次回来店にもつながらず、当然売上げにもつながりません。お客様に次回来店を促すお礼状を書くための材料になるのが会話記録ですから、材料のネタが新鮮なうちに書き留めておきましょう。

会話の何を記録したらいいのか

会話記録に書かなくてはいけないことは決まっています。会話記録用紙に、それぞれの項目を作っておくと記入しやすくなります。

★基本情報

名前・ふりがな・住所・電話番号・携帯番号・生年月日

個別ファイルのトップページに書かれることです。名前の読み方は特殊なモノも多くあるので、ふりがなをふっておくと後々のお声がけ等で便利です。

★メールアドレス情報

携帯メールアドレス・PCメールアドレス

知らなくても、特別困ることはないかもしれませんが、あったら便利なのがメールアドレスです。携帯メールアドレスかPCメールアドレスかという、どちらか一方だけをお聞きすると、教えていただけないこともあります。そんなときの対策のためにも、両方をお聞きしてみると、片方だけ教えていただけることがあります。

★きっかけ情報

来店目的・当店に来店したきっかけ・来店日時・来店曜日

これは重要な項目です。お客様が行動するには必ず理由があります。たとえば、布団屋に来店したお客様は、どうして「今日」来店したのか。もちろん布団に興味があったからですが、新しい家族が増えるからなのか？　入院している父親が退院してくるから快適な布団で過ごしてほしいからなのか？　不眠で悩まれているからなのか？　など、お客様には個別の理由があります。布団がほしいのはどうしてなのか？　ここを忘れないで記入しましょう。

来店の時間・曜日・天気は、お客様の仕事と関係していることが多いので記録します。勤め先の定休日や勤務時間帯によって、来店しやすい曜日や時間が予測できますから、次回来店を促すタイミングを逃しません。

★イメージ情報

外側から見た事実と印象（イメージ）

お客様の服装や髪型や持ち物、これらは事実の記録です。この事実から、接客を担当したあなたが感じた印象（イメージ）も記入しておきましょう。

たとえばこんな感じです。

「シンプルだけど、仕立てのいい黒中心の洋服。でも、バッグや携帯のアクセサリーはピンクでキラキラ。髪型もメイクもシンプルだけど、手を抜いていない感じ。お声がけしても、ゆっくりと焦らず商品を見ていたから、慎重で衝動買いはしない感じ。同じようなデザインのダイヤモンドネックレスばかり見ていたので、ほしいモノは決まっているようだ」

★提案記録と反応

お客様との会話を通して、商品の提案へと進む場合があります。たとえ購入にはなっていなくても、商品提案や試着やお試しをしていただいた事実は記録しましょう。

試着やお試しをしていただいたのに、お礼状を送らないのは最後の詰めが甘いからです。

お客様は、高額品になるほど迷い、比較します。商品提案をすると、必ずお客様は何かしらの反応をします。この反応はお客様の価値観と一致しています。好き・嫌い・どちらでもないなど、すべての反応を記録します。

ある宝石店での会話記録です。

ダイヤモンド1カラットのシンプル一粒プチネックレスを勧める　↓　気に入ったようだが「職場で目立つかしら？」「さすがにお高いわね……」

カラット数を0・5に押さえてダイヤをダイヤで取り巻いた、石が大きく見えるデザインを勧める　↓　「本当にさっきのより小さいの？　わからないわね」「近くで見るとわかるわね」「一粒より可愛らしい感じね」「可愛らしすぎるかしら？」

一粒ではないデザインが強調されたのは、どれも「飽きちゃいそう」と言われる

先のイメージ情報と、この提案記録と反応の記録から、こんなお礼状になりました。

「先日はご来店ありがとうございました。シンプルなデザインの黒いお洋服が印象的でした。素材や仕立てのよさを上手に着こなしておられて、お手本にしたいと勝手に思ってしまいました。N様からは、素材を大切にされ、その素材を活かすことのセンスが伝わってきました。ダイヤモンドのネックレスにたとえると、キラッと輝きながらも、デザインはすべての洋服に合わせることができる〝1カラットのプチネックレス〟のようですね。決して派手ではないですが、個性を感じさせるN様にこそ似合うデザインのように感じます」

★会話内容

実際の会話内容を記録しておきましょう。

商品と関係のないことまで、思い出せる限り全部を書き留めます。通常の顧客カルテに書かれていないのが会話内容です。ところが、この会話内容が次回来店を促すためのお礼状や電話で大活躍してくれます。購入記録も書きますが、それよりも商品と関係のない会話を意識して記録します。

私の店での会話記録に、こんなものがあります。

「畑を毎年作っている。ご主人と2人暮らしなのでたくさんは必要ないが、近所や友だちにおすそわけするのが楽しい。孫が遊びに来たら一緒に野菜をとるのも楽しみ。孫が楽しみにしていたトウモロコシを収穫する前に、タヌキにとられてしまった。くやしい」

こうした会話記録を見ながら、次のようなお礼状を書きました。

「Tさん。畑のトウモロコシ残念でしたね。スーパーでトウモロコシを見かけるたびにTさんのお話を思い出して、私までくやしくなります。野菜を育てることで、周りの人たちを笑顔にされているのって素敵だと感じました。野菜と一緒に笑顔も育てていらっしゃるのですね」

このTさんは、時計の下見に来店されただけでしたが、お礼状を送って再来店になりました。それだけではなく、毎月リピートしていただける化粧品まで買ってくださるようになりました。化粧品を買っていただいたきっかけも、会話記録を思い出してのお声がけからでした。

「Tさん。この日焼け止め、畑で汗をかいてもしっかりお肌を守ってくれますよ。お孫さんと一緒に畑に行くとき用に、お子様用の日焼け止めのサンプルもお持ちになりますか?」

そうお声がけできて、日焼け止めのお買上げにつながりました。そこに再びお礼状を使って、次のお勧め商品のご案内もしてリピート購入者となってもらいました。

★購入予定のタイミング

お客様は、去年でもなく来年でもなく今年の今日、店に来店されたのです。それには意味があるのです。時期的な意味をタイミングと言います。

タイミングには、今すぐタイミングと、近未来タイミングと二種類あります。

今すぐタイミングは……

今朝炊飯器が壊れたから、今日中に新しいモノがほしい

孫が来月に成人式を迎えるから、何かお祝いの品をあげたい

ペットの室内犬が亡くなったから、家の壁紙を張り替えたい

など、今すぐ購入につながる可能性が高いのが〝今すぐタイミング〟です。
これに対して……
半年後に結婚式が決まったので、それまでに結婚指輪がほしい
1年後に子どもが小学校に入学するタイミングに合わせて子供部屋を作りたい
次の父親の法要に合わせてお墓を移転したい
など、少し先に購入予定のタイミングが〝近未来タイミング〟です。
購入につながるタイミングがわかると、お礼状を出すタイミングを間違えません。今すぐタイミングの人は、後回しにしてはいけません。翌日にはお礼状を出します。近未来タイミングのお客様には、5日後に1回だけで終わらないように、予定している購入タイミングの3ヵ月前などに、忘れないようにもう一度お礼状を出します。

★接触記録

来店時の記録だけではなく、お礼状を出したら日付と内容のコピー、電話をしたら日時とやり取りの内容は、最低限記録しましょう。お客様との付き合いが長くなっていくと、何度もお礼状を出したり電話をすることになります。そうすると、同じような内容で文面を書いてしまうことがあります。何度も同じ内容で届くとガッカリですね。そうならないように、

お礼状はコピーを顧客カルテと一緒に保管しましょう。次のお礼状を書くときに、前回のお礼状も参考にします。

お礼状によって来店予約がいただけたときなどは、事前にお礼状に書いたことを復習しておきましょう。いきなり来店になったときも、できるだけお礼状の中身や、前回の会話カルテを見直してから接客することで、よりお客様の要望に応えられるようになります。

★基本情報★メールアドレス情報★きっかけ情報★イメージ情報★提案記録と反応★会話内容★購入予定のタイミング★接触記録　と、気をつけて記録してほしいポイントを挙げてみました。

デジタル顧客管理と比べると、アナログ顧客管理は面倒臭いと感じることでしょう。でも、簡単なことではお客様は購入してくださいません。とくに、高額で下見して比較される商品の場合は、こうした面倒なことを覚えておいてお客様へお礼状を出していくことが、次の来店と購入へとつながります。面倒なことにこそ儲けが隠れているのです。

人の価値観は持ち物に表われる

人は、自分が価値を感じたものをほしいと思います。だから、自分の持ち物は、ほしいと思って手に入れたものが多くなります。

これは、腕時計でたとえるとわかりやすいでしょう。どの時計でも時間は1日24時間変わりありませんから、時計の違いが価値の違いになります。

ロレックスを腕にはめている人は、ロレックスに価値を感じています。グランドセイコーをはめている人は、グランドセイコーに価値を感じています。カルチェをはめている人は、カルチェに価値を感じています。ノンブランド時計をはめている人は、時間だけわかればいいことに価値を感じています。

腕時計をはめていない人は、腕時計に特別な価値を感じていないことが価値です。ノンブランド時計でも何でもよかったわけではありません。目をつぶってエイヤッと選ぶ人はいません。四角い形が好きだからとか、黒い文字盤がいいからとか、華奢な感じが好みだとか、どこかに選んだ理由があります。子どもからのプレゼントだからという人は、子どもの気持ちに価値を感じているのです。

人は、自分が価値を感じている部分をほめられると、自分がほめられたように感じます。自分をほめてくれる人を嫌いな人はいません。しかも、そのほめ所が価値を感じている部分だとしたら、自分を大切にしてもらえた感じが、とくに大きく感じられます。好きで大切にしてもらえると感じる人の言うことは、聞いてみようと思います。

お客様の持ち物をほめましょう、などと言われますが、それはお客様の持ち物は、お客様にとって、価値を感じたから持っている場合が多いからです。お客様から販売員を好きになってもらい、専門家としての販売員の助言を喜んで聞いてくれる、こうした状況を作り出すことにつながるので、お客様の持ち物をほめましょう、と言われるのです。

ほめるときには、具体的にほめるのがコツです。

「このカバン、手仕事っぽいフリンジが素敵ですね。あたたかい感じがします。もしかして、ご自分で作られたのですか?」などと、どこがどのように素敵に感じるのかまで、具体的にほめましょう。

そうすることで、お客様は多くを答えてくれて会話が弾みます。商品説明前の会話が盛り上がると、店側の提案を素直に聞いてもらいやすい状況につながっていきます。

来店翌日に出す「ファーストお礼状」

翌日までに出すファーストお礼状は新鮮さが命

ファーストお礼状は、中身の濃さよりもネタの新鮮さを優先しましょう。

来店してくださった人に初めて出すファーストお礼状から、お客様と販売員の付き合いがはじまります。アナログ顧客管理に記録することはネタですから、新鮮さが命です。ネタが古くなる前に、お礼状にしてしまいましょう。

できる限り、接客した当日にアナログ顧客管理を記入します。それと同時に、お礼状の宛名書きだけはすませてしまいます。できたら、当日から翌日にはお礼状を書いて投函しましょう。

このときに、書き出しの一語に使っていただきたい言葉があります。「本日は……」で書きはじめてください。実際に書くのは次の日だったとしても、「本日は……」を使いましょう。3日も経ってしまったら、本日ではおかしいので「先日は……」と書きはじめますが、ネタの鮮度は落ちてしまいます。短い、ほんのひと言でもいいので、まずはファーストお礼状を書きましょう。

ファーストお礼状は開封率も高く、興味を持っていただけます。長文が書ける方は、しっかりと自分の思いを伝えましょう。文章を書くのが好きな人は長文を書けますが、苦手な人のほうが多いようです。そんな場合でも大丈夫です。私は、絵ハガキをたくさん用意しています。

お客様との会話にスイカが出てきたらスイカの絵ハガキ、飛行機の話が出てきたら飛行機の絵ハガキ、会話の題材にふさわしい絵ハガキがなければ、季節の花などを選んで送ります。絵ハガキのよい所は、しばらく飾ってもらえるチャンスがあることです。

私の店では、イベントを覚えておいてほしいときには招き猫の絵ハガキを送って、「冷蔵庫に貼っておくとラッキーがやってきますよ」と書き添えています。自分が書いたお礼状が、お客様の生活の一部に参加することができます。できたら、読んでもらった後も覚えておいてほしいのが販売員の心情です。そうなるためには、お客様が喜ぶことを書くと保存しておいていただける確率が上がります。

ハガキが得意なこと、手紙が得意なこと

ファーストお礼状は、とにかく・ひとまず・早く出すことが体裁よりも大切です。ですが、ハガキと手紙では、受け取る相手に伝わる意味が違う部分があります。

★伝えられる内容の差がある

ハガキは紙面が小さいです。それに比べて手紙は紙面が大きく、枚数も入れられます。お礼状で伝えたい内容が多いときは手紙を選び、短い文章ですみそうなときはハガキを使うと、紙面が余って何を書こうかと迷うことがなくなります。

★形態の違いが、伝わる印象の重さの差になる

ハガキは、内容がむき出しなので、誰でも読めてしまう手軽さがあります。手紙には封筒があるため、受け取った人にしか読めない少し秘密めいた感じがします。そのため、ハガキは軽い関係をイメージしてほしいときに、手紙はキチンとした印象を強化したいときにと使い分けます。自分を専門家として位置づけたい場合も、手紙が有効です。

★手紙の封筒からも伝わることがある

手紙を出すときに、「透明封筒がいいでしょうか?」といった質問をいただくことがあります。

お礼状を出すときには、透明封筒は向きません。誰でも同じ内容であれば透明封筒でもかまいません。でも、それでは売り込みのＤＭとの違いがなくなってしまいます。お客様が住所・氏名を教えてくださるのは、売り込みされたいからではありません。自分のためになることをしてくれると期待するからです。お客様個別に内容を考えてお礼状を書くのですから、ハガキではなく手紙というスタイルをとるのであれば、中が見えない封筒を使いましょう。

★受け取る相手のイメージに合わせた柄を選ぶ

書き手が華やかな女性だとしても、受け取る相手が堅い職業の男性だとしたら、過度に可愛らしさや女性らしさを強調する柄は避けましょう。ビジネスらしいデザインの便せん封筒を選びます。会社や店舗で用意されたモノがあれば問題ありませんが、大量に印刷されて保管されていることが多いので、日焼け跡などがあるものは避けましょう。お礼状は新鮮さが命です。

★ハガキ・手紙ともに厚みに注意する

人は、手に持った紙の厚みに〝重要度〟を感じ取ります。薄い紙は、どんなに心に響くことが書いてあっても、その印象を軽くしてしまいます。逆に、厚い紙は、あっさりひと言しか書いていなかったとしても、印象度をよい方向へと高めます。

紙幣よりも厚い商品券をよく見かけます。商品券自体の価値を上げるために厚みが役立っています。割引券なども同じ理屈で、厚い紙で作ったほうが捨てられないで保管される確率が上がります。これは、ハガキ・手紙も同じ理屈が働くため、ご自分の価値を高めるためにも厚みには注意しましょう。

記録コピーを保管しておくといいことばかり

お礼状を出すのは、お客様に再来店していただきたいからです。お客様は、あなたが書いて出したお礼状で心を動かされると再来店されます。このときに、お礼状に何を書いたかを覚えていないと、お客様との会話がかみ合わないことがあります。

お客様をがっかりさせると、売上げにはつながりません。そうならないために、お礼状は必ずコピーを残して、顧客カルテに貼り付けて保管しましょう。

コピー機でもいいし、デジカメや携帯電話で写真を撮ってプリントしてもいいですね。この記録がないために、2回目のお礼状も1回目と同じことを書いて送ってしまった例があります。お客様はガッカリされて、その後のお付き合いがなくなりました。

お礼状は、お客様とお付き合いしていく間ずっと続きます。お客様と直接交わした会話と同じように、投函した日付とともに記録しておきましょう。記念切手を使う場合は、切手が写るように記録しておくと、毎回違う絵柄を送ることができます。記念切手の絵柄から、接客時の話がはずむこともあります。何が幸いするかといった未来はわかりません。だからこそ、面倒でも手間暇がかかっても、出したお礼状は記録を残しておきましょう。

5日後に出す2回目のお礼状「個別提案お礼状」

お客様は曜日で行動パターンが決まっている

ご来店当日か翌日にファーストお礼状を送ったら、次は来店から数えて5日目に届くように2回目のお礼状を送ります。1週間後に届いたのでは遅いのです。

人は、1週間単位で生活のリズムが決まっています。たとえば、月曜日に出社して土・日曜日が定休日、という感じです。仕事、学校などは、1週間単位で動くことが生活の基本になっているからです。

新規来店したお客様に、もう一度来店してほしいですよね。そのためには、お客様の行動パターンに組み込んでもらうことが大切です。人は、1週間単位で行動パターンを作りますから、来店した曜日が再びやってくる前に、「あの店に、もう一度行ってみようかな」と思ってもらうようにお礼状を活用します。

1週間後までに再接触をしておくと再来店率が上がる

たとえば、火曜日に仕事が休みのお客様に、次の火曜日が来る前に2回目のお礼状が届くようにします。実際は、次の火曜日にすでに予定が入っているかもしれませんが、そんなことは気にしないで、2回目のお礼状を出してしまいます。お客様が新しい行動をした1週間が終わらないうちに、「近いうちの休日に、またこの店に行こう」と行動予定に組み込んでいただけると、来店率が高くなるからです。

冒頭に紹介した結婚指輪専門店は、ご来店当日か翌日にはファーストお礼状を送り、5日後に到着するように個別提案お礼状を送ります。これによって、再来店率ほぼ0％だった状態が50％～75％へと改善されました。住宅リフォーム業で、低価格の合い見積りに負け続けていた会社が、2件に1件は再度の検討へと進めるようになりました。また、とりあえず集客商品としての枕しか売れなかった高級布団店が、1ヵ月以内に布団一式のお買上げへとつながるケースが安定的になりました。

商品によっては、「見積り」を出す業種があります。そうした場合は5日後までに出しましょう。大きな案件で見積りに時間がかかる場合は、大まかな見通しや現在進んでいる部分まででもいいので、5日後に一度、お礼状で接触しましょう。1週間がすぎる前に、お礼状が届くことが大切です。

2回目のお礼状は、個別提案を入れ込みます。つまり、DMのように売り込みをかけます。

1回目のファーストお礼状では、売り込みは極力排除します。ファーストお礼状の目的は、お客様が安心して家にいる状態で、店側に心を開いてもらうことです。お客様が店側に心を開いた後に届く2回目のお礼状は「個別提案お礼状」です。お客様側に、提案を聞く準備が整っているからです。高額低購買率の商品は、このタイミングで売り込みをしないと売上げにつながりにくいのです。他店で買われたら次はないか、あっても数十年後としたら、次はないのと同じです。「押売りみたいに思われたらどうしよう？」などと悩んでいる暇はありません。提案しなければ、再来店する理由がないからです。

来店する理由を作ってあげる

初回来店時に「この店いいなぁ。この商品も好きだなぁ」と感じてくれたお客様でも、タイミングをはずすと「まぁ、いいかぁ」となってしまいます。

なぜならば、お客様は人気者だからです。あなたの店以外の多くの店が狙っています。遠慮した店が、押しが強い店にお客様を奪われてしまいます。ファーストお礼状だけでは弱いのです。かと言って、ファーストお礼状のときに売り込みをしては嫌われます。ファーストお礼状と個別提案お礼状を、1週間以内にセットで送ることを意識しましょう。

1：ファーストお礼状では、お客様の存在を認める

2：個別提案お礼状では、専門家としてお客様の価値観に合わせた提案をする

お客様は、自分の存在を認めてくれた人の言葉なら聞いてくれます。だから、まずファーストお礼状で認めて、続いての個別提案お礼状で専門家として提案をします。この流れを意識してください。

どんな提案をするのかは、アナログ顧客管理名簿を見ながら考えます。とくに会話記録が役立ちます。会話記録には、お客様の価値観が表われます。

会話記録例として、114ページのダイヤモンドネックレスを勧めたケースで考えてみましょう。

会話記録は次のような内容でした。

ダイヤモンド1カラットのシンプル一粒プチネックレスを勧める　↓　気に入ったようだが、「職場で目立つかしら?」「さすがにお高いわね……」

カラット数を0・5に押さえてダイヤをダイヤで取り巻いた、石が大きく見えるデザインを勧める　↓　「本当にさっきのより小さいの?　わからないわね」「近くで見るとわかるわね」「一粒より可愛らしい感じね」「可愛らしすぎるかしら?」

一粒ではないデザインが強調された商品は、どれも「飽きちゃいそう」と言われる

この会話記録をネタにして書いたお礼状

「先日は、ご来店ありがとうございました。

シンプルなデザインの黒いお洋服が印象的でした。素材や仕立てのよさを上手に着こなしておられてお手本にしたいと勝手に思ってしまいました。N様からは、素材を大切にされ、その素材を活かすことのセンスが伝わってきました。ダイヤモンドのネックレスにたとえると、キラッと輝きながらも、デザインはすべての洋服に合わせることができる〝1カラットのプチネックレス〟のようですね。決して派手ではないですが、個性を感じさせるN様にこそ似合うデザインのように感じます。

キラスタージュエリー　山田文美」

この会話記録とファーストお礼状から、個別提案お礼状を出しました。

「N様

1カラットダイヤモンドの新作が入荷しました。キラッキラのダイヤモンドが、ふるふる動く特許製法で留めてあります。N様の心臓の鼓動でも動くのです☆☆　通常の固定タイプ

もお似合いでしたが、この繊細なダイヤモンドの輝きをよりキラキラにするデザインも見ていただきたいです。ダイヤモンドも、最高のカットに与えられる〝ハート&キューピッド〟カットが施されています。よけいなデザインは必要ない美しさがあります。

他にも、ダイヤモンドを留める枠に、アンティークに使われている〝ミル打ち〟という職人技を使ったネックレスも入荷しております。こちらは、繊細なおとぎ話のお姫様のようです♪　ふるふる揺れるデザインと、アンティーク風のデザインと、ぜひ店頭で見比べてみてください。3月はホワイトデー月間となっておりますので、N様のような素敵女子に、カラフルなマカロンとコーヒーのサービスをお楽しみいただいております。お仕事帰りに〝キラスタージュエリー・カフェ〟に立ち寄ってくださいませ（*^_^*）ご来店お待ちしております。（同封の素敵女子お茶会チケットをお持ちください）」

この個別提案お礼状で、ご来店いただきお買上げにつながりました。

個別提案お礼状のポイントは三つ

1：来店して確認したいと思わせるように〝悩ませる〟

2：再来店すると〝何が待っているか〟を教える

3：行動を教えて終わる

この宝石店の個別提案お礼状のポイントは……

1：ふるふる揺れるジュエリーがいいか？　それともアンティーク風がいいか？　と悩ませる

2：来店の言い訳として、菓子&コーヒーのサービス券を送っている

3：お礼状の最後は、来店してほしいという行動をしっかりと勧めている

個別提案お礼状の目的は、再来店してもらうことです。買うと決めてもらうことも大切なのですが、実は、再来店の前に「ズバリこれがほしい」と決めた人は、他店と価格を比べるようになりやすいのです。ほしい物だけが先に決まっていると、価格競争になってしまいます。だから、ちょっと迷って来店してたしかめたい、という状態を意識して作ります。あなたの店を頼って相談してくれるよい客層を育てることになります。

お客様は、高額品の店舗に来店する場合、さまざまな不安を持っています。買わなくても無事に店を出られるか？　は大きな不安です。だから「買わなくても気持ちよく出られますよ」と、来店する前に口実を与えると再来店率が上がります。この店舗の場合は「お茶券」をお礼状に同封しています。宝石店は、1人での来店のほうが買上率が高くなるので、お一

人様用のチケットになっています。

人は、言われないとわからない生き物です。つまり、販売員がお客様にとってほしい行動を伝えないといけないのです。来店してくださいと伝えると、お客様が引いてしまうのではないかと考えて、ファーストお礼状のように感想だけを伝えている人も多いようです。でも、来店してもらわないと次はないのですから、ここではしっかりと行動を教えて締めくくることが大切です。

5章

売上げが25%アップする「ファーストお礼状と個別DMお礼状」の実例集

お礼状は、新規客を再来店客に変えます

新規客がやって来る確率は非常に低いものです。店の前を通る人の1％も入店になりません。さらに、店の前を通らない人に向けても宣伝広告をしますから、商圏人口の1％以下しか新規客にならないとわかります。チラシや紙面広告、ホームページやネット広告、看板やマスコミ宣伝など、不特定多数の人に見てもらえるかどうかは、運頼みに近いでしょう。

たとえるなら、大海原に一本の釣り糸を垂らして魚を釣るようなものです。

商売においては、釣りたい魚は決まっています。自分の商品をほしいと思っている魚を釣りたいのです。魚は種類によって生息場所が決まっていますから、その場所を探します。そして、好きな餌も決まっていますから、餌の工夫もします。場所探しは、どこに広告宣伝するかを考えることと同じです。餌の工夫は、宣伝広告の内容を工夫することです。

こうしてやっと釣れた魚は、自分のバケツに入れます。やっと釣れた魚が新規客で、自分のバケツに入れるのは名簿を取ることと同じです。名簿を取らないということは、苦労して釣った魚を、ふたたび大海原に放すことと同じになります。釣った魚をバケツに入れておけば、次は釣らなくても網でシュッとすくえば簡単に捕まります。この網がお礼状です。

どんな商品の商売でも、新規客を集めるには費用が高くつきます。高い費用をかけても集客できるのは商圏人口の1%以下です。だからこそ、集めた新規客は大切にしなければいけません。魚はなつきませんが、人は大切に扱うと早くなついてくれます。なぜならば、人は言葉を理解するからです。

人に効果的な餌は、自分だけに向けられた「言葉」なのです。

お礼状には、相手のお客様との会話をネタにした言葉が書かれています。あなたとお客様との会話は、2人だけのものです。恋した人に手紙を送るのに、一般的な当たり障りのないことばかりを書いても、ふり向いてはもらえません。隣の人と同じではなく、自分だけに向けられた言葉は、人の心を動かします。文法やしきたりに照らし合わせたら間違っている文面でもかまいません。効果的なお礼状は、会話の再現だからです。会話は文法があっていなくても通じるように、会話をネタにしたお礼状は、文法が正しいかどうかよりも、書き手の感情が伝わるかどうかが重要なのです。

素朴なお礼状と紹介ツールで黒字化した布団店

素朴なお礼状でも次々と成約できる

お礼状の書き方を知って初めて書いたお礼状で、電話で即追加注文を受けることもあります。鹿児島県にある布団店は、自然派素材にこだわった布団を扱っています。ホームセンターやネット通販で羽毛布団が1万円で買える時代に、何十万円もする布団を追加購入してもらうのに、使っている方法は、送料52円のハガキお礼状です。

誰にでも同じことを伝える文面は印刷してあります。空いたスペースに、ほんの数行手書きでお礼を書き込みます。その内容は素朴です。

ほんの数日間で、どんどん成約を決めていきます。

※初来店して70万円購入されていたお客様に、すぐにお礼状を出し、半年後にさらに25万円のお買い物

※4年前に来店したきりのお客様に、「思い出していますよ」という内容のお礼状を出して再来店していただいて25万円のお買い物

※7万円お買上げ時にお礼状を出して、さらに29万円のお買い物

※5万円のお買上げ時にお礼状を出して、翌月に27万円のお買い物
※6万円の布団打ち直し注文へお礼状を出して、翌月家族の羽毛布団26万円のお買い物

ざっと挙げただけでも、1枚のお礼状がもたらすお買い物効果に驚かされます。内容は素朴ですが、お客様との会話を思い出して、そのことだけを書いています。お客様は、こうした個別対応をしてもらえると、「私のことをわかってくれている」と感じて、購入を迷っていた商品を今買おうと行動してくれるのです。

新規来店客が、いきなり数十万円買ってくれるツール

布団は一生に平均3回しか買われない商品です。どんなに気に入って購入してもらっても、毎年続けては買いません。そこで、お客様の友人知人へ、自店の紹介をお願いします。友人知人を店に紹介してもらうのではなく、店を友人知人に紹介してもらうのです。これは似ていますが、効果はまったく違いますから、間違えないようにしましょう。

具体的には、お客様に「同じように悩んでいるお友だちに、当店を紹介してあげてください」と言いながら、紹介ツール（次ページ参照）を手渡します。自店の紹介ツールには、「店にはどんな人がいるのか」「その人は、どうして店をやっているのか」「何を基準に選ばれた商品が置いてあるのか」「その商品は何を解決するのか」「店内の様子はどうなっているのか」

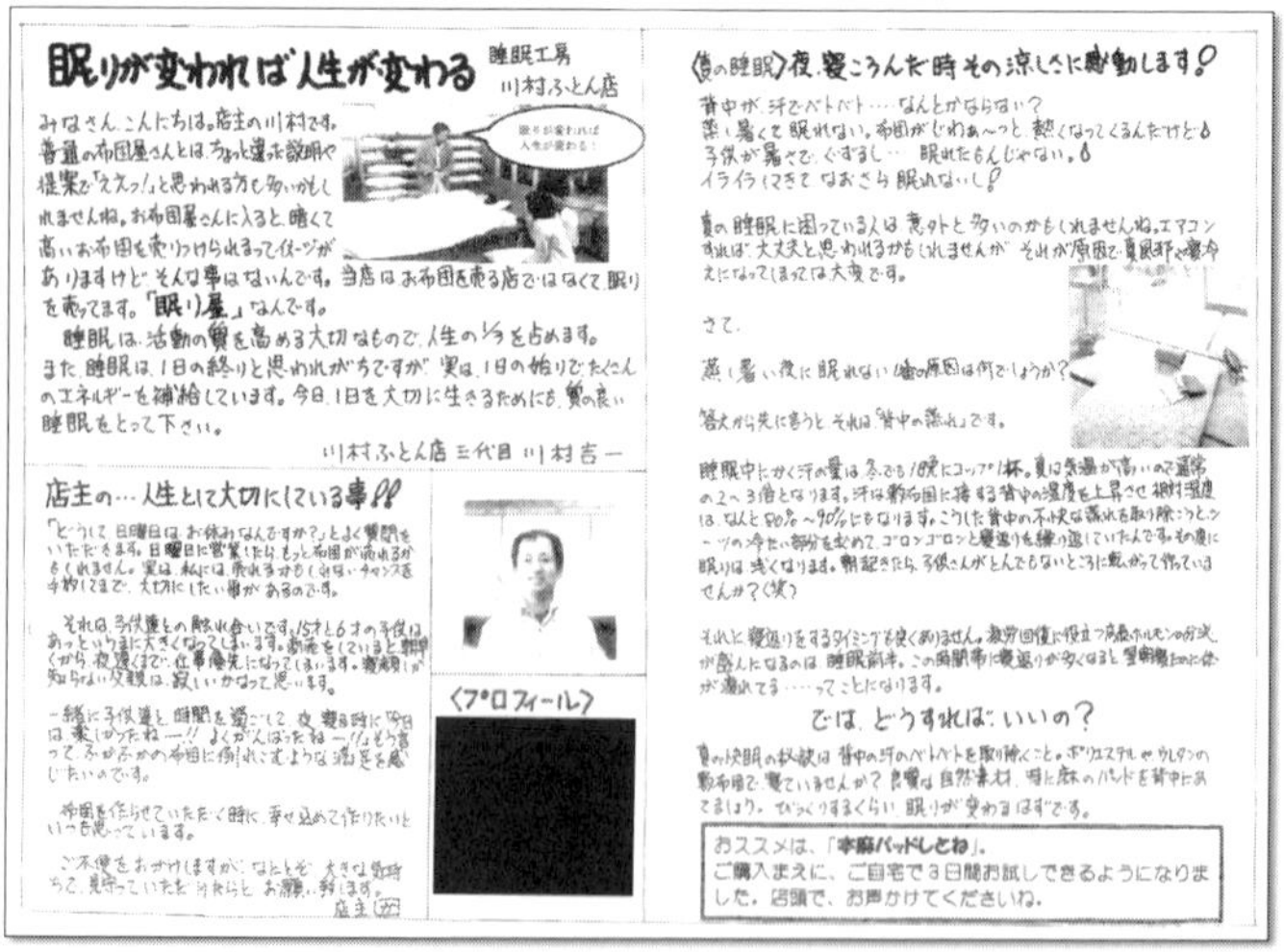
眠りが変われば人生が変わる　睡眠工房　川村ふとん店

みなさん、こんにちは。店主の川村です。普通の布団屋さんとは、ちょっと違った説明や提案で「ええっ！」と思われる方も多いかもしれませんね。お布団屋さんに入ると、暗くて高いお布団を売りつけられるってイメージがありますけど、そんな事はないんです。当店はお布団を売る店ではなくて、眠りを売ってます。「眠り屋」なんです。

睡眠は、活動の質を高める大切なもので、人生の1/3を占めます。また、睡眠は、1日の終りと思われがちですが、実は、1日の始りで、たくさんのエネルギーを補給しています。今日、1日を大切に生きるためにも、質の良い睡眠をとって下さい。

川村ふとん店　三代目　川村吉一

店主の…人生として大切にしている事!!

「どうして、日曜日は、お休みなんですか？」とよく質問をいただきます。日曜日に営業したら、もっと布団が売れるかもしれません。実は、私には、売れるかもしれないチャンスを手放してまで、大切にしたい事があるのです。

それは、子供達との触れ合いです。15才と6才の子供はあっという間に大きくなってしまいます。商売をしていると朝早くから、夜遅くまで、仕事優先になってしまいます。子供達が知らない父親は、寂しいかなって思います。

一緒に子供達と、時間を過ごして、夜、寝る時に「今日は、楽しかったね――!!　よくがんばったね――!!」そう言って、ふかふかの布団に倒れこむような満足を感じたいのです。

布団を作らせていただく時に、幸せ込めて作りたいという思っています。

ご不便をおかけしますが、なにとぞ、大きな気持ちで、見守っていただけたらと、お願い致します。

店主

〈プロフィール〉

[redacted]

〈夏の睡眠〉夜、寝ころんだ時その涼しさに感動します!

背中が、汗でベトベト……なんとかならない？
蒸し暑くて眠れない。布団がじわぁ～っと、熱くなってくるんだけど。
子供が暑さで、ぐずるし…　眠れたもんじゃない。
イライラしてきて、なおさら眠れないし!

夏の睡眠に困っている人は、意外と多いのかもしれませんね。エアコンすれば、大丈夫と思われるかもしれませんが、それが原因で、夏風邪や寝冷えになってしまっては大変です。

さて、

蒸し暑い夜に眠れない本当の原因は何でしょうか？

答えから先に言うと、それは「背中の蒸れ」です。

睡眠中にかく汗の量は、冬でも1晩にコップ1杯。夏は気温が高いので通常の2～3倍となります。汗は敷布団に接する背中の湿度を上昇させ、相対湿度は、なんと80%～90%にもなります。こうした背中の不快な蒸れを取り除こうと、シーツの冷たい部分を求めて、ゴロンゴロンと寝返りを繰り返していたんです。その度に眠りは浅くなります。朝起きたら、子供さんがとんでもないところに転がって寝ていませんか？（笑）

それに、寝返りをするタイミングも良くありません。疲労回復に役立つ成長ホルモンの分泌が盛んになるのは、睡眠前半。この時間帯に寝返りが多くなると、翌朝起きた時に体が疲れてる……ってことになります。

では、どうすればいいの？

夏の快眠の秘訣は、背中の汗のベトベトを取り除くこと。ポリエステルやウレタンの敷布団で、寝ていませんか？　良質な自然素材、特に麻のパッドを背中にあてましょう。びっくりするくらい、眠りが変わるはずです。

おススメは、「本麻パッドしとね」。
ご購入まえに、ご自宅で3日間お試しできるようになりました。店頭で、お声かけてくださいね。

鹿児島県始良市「睡眠工房川村ふとん店」

「店に行くにはどうしたらいいのかといったアクセス情報」がまとめられています。

　この紹介ツールには、「どうして定休日が日曜日なのか」の理由が書いてあります。これまでは、日曜定休だから店へ行きにくいとたびたび言われていましたが、この紹介ツールでご来店になるお客様は、平日に時間を作って来店してくれます。来店する前に、いかに自店のことを多く知ってもらえるかが、お買上げへの近道となります。

　こうした自店紹介ツールを手渡された人は、初来店前からすでに店のファンになっています。通常は、お客様に声をかけるタイミングをはかるところからスタートする接客ですが、この自店紹介ツールで来店した新規のお客様は非常にフレンドリーですから、馴染

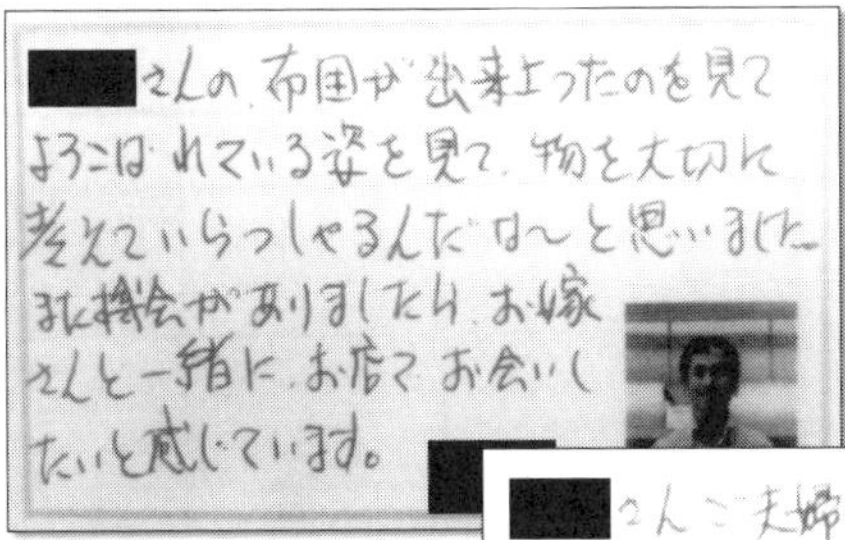
[redacted]さんの布団が出来上ったのを見てよろこばれている姿を見て、物を大切に考えていらっしゃるんだな〜と思いました。また機会がありましたら、お嫁さんと一緒に、お店でお会いしたいと感じています。[redacted]

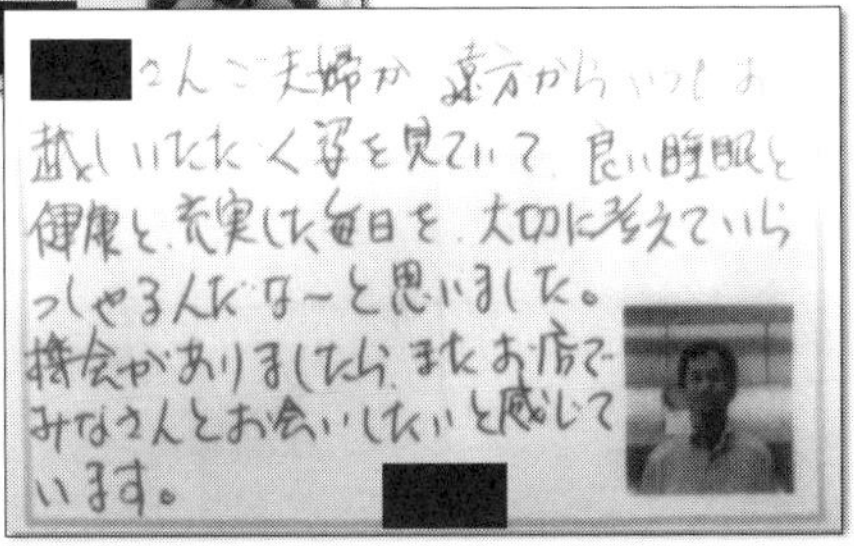
[redacted]さんご夫婦が遠方からいつもお越しいただく姿を見ていて、良い睡眠と健康と充実した毎日を、大切に考えていらっしゃるんだなーと思いました。機会がありましたら、またお店でみなさんとお会いしたいと感じています。[redacted]

み客のように接客が進みます。その結果、初回来店でいきなり数十万円の買い物につながるのです。

消費税アップ前日に来店したお客様が、一度帰って家族で相談すると言われました。そのときに店主は、「明日から消費税が上がります。ですので、明日の購入だとアップした消費税をお願いすることになります」と伝えました。そして翌日、お客様は再来店されてお買上げになりました。もちろん、アップした消費税額でお支払いくださいました。

思い出しお礼状と個別DMお礼状で平日売上アップした宝石店

しばらく来店していないお客様にも、お礼状は効果的

お礼状は、しばらく来店していない人にも書くことができます。

左の実例は、大分県にある宝石店で、年末にしばらく来店していない人に向けて書かれたお礼状です。まず、書こうとする相手のことを思い出すと、子どもも思いの優しい性格が思い出されましたので、それをネタにして文面が書かれました。お礼状の締めくくりは、宝石無料クリーニングに来店してくださいと、具体的な行動を促しています。

この結果、久しぶりの来店となり、店頭の商品を見ていただくことに成功しています。お礼状をはじめる前は、すべての顧客に「無料クリーニング実施中」と、同じ内容を印刷したハガキを送っていましたが反応はゼロでした。

お客様は、自分のほしいモノを売り込みしてほしいと思っている

１４５ページの例のお客様は、来店時に見た店頭商品に気になるモノがありました。そこで接客担当者は、その商品を使って「個別ＤＭ」を作成しました。お客様が気になっていた

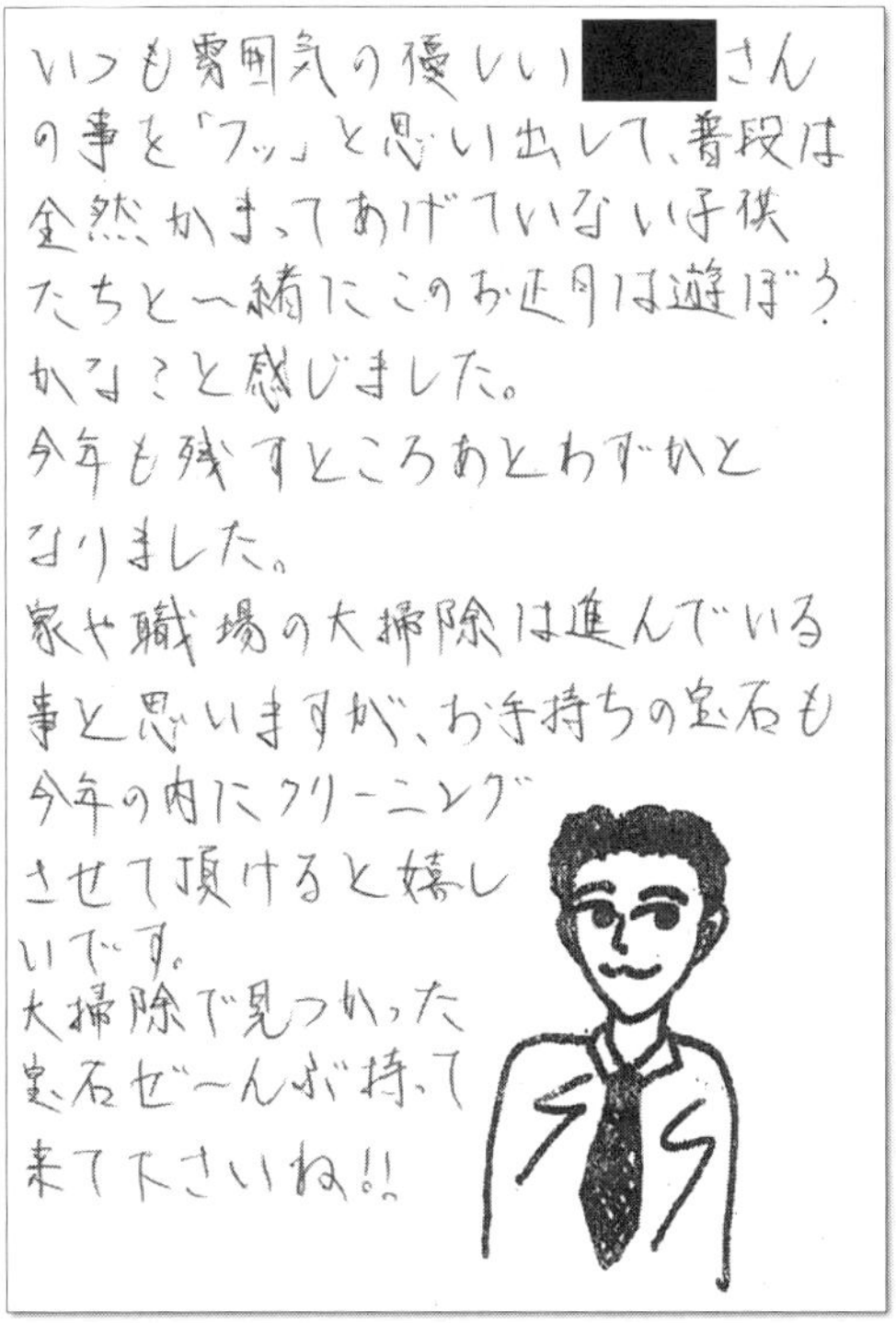
いつも雰囲気の優しい[redacted]さん
の事を「フッ」と思い出して、普段は
全然かまってあげていない子供
たちと一緒にこのお正月は遊ぼう
かなと感じました。
今年も残すところあとわずかと
なりました。
家や職場の大掃除は進んでいる
事と思いますが、お手持ちの宝石も
今年の内にクリーニング
させて頂けると嬉しいです。
大掃除で見つかった
宝石ぜーんぶ持って
来て下さいね!!

商品からのメッセージを届ける、という仕様になっています。商品を擬人化することでユーモアが生まれ、売り込み臭さがうまく消えています。

通常のDMというと、多くの商品を載せてご案内するのが普通です。それは、お客様は何が好きかわからないからです。しかし、お客様が何を好きかわかっていれば、たったひとつの商品だけを紹介したらよいのです。店頭接客でお客様の好きな商品がわかったら、個別に売り込みをかけてもいいのです。

封筒には、接客担当者からのメッセージだとわかるように、写真を切り抜いて貼り付けています。顔写真から飛び出したフキダシにメッセージを書くことは、漫画に親しんだ日本人には効果的です。とくに、その顔写真の人と知り合いであれば、そのフキダシは言葉として読めるだけではなく、読み手の頭の中に「声」として聞こえるからです。1回読んだだけでも、目からの情報と、脳の中で響く声という情報と、2回伝えることになります。

この個別DMを受け取ったお客様は、翌日のお昼休みに仕事を抜け出してご来店になりました。しかも、走ってです。「笑ったわ〜」と、DMのお礼を言いに来てくれたのです。売り込みのDMですが、仕事の昼休みを使ってわざわざ来店してまでお礼を言いに来てくれるのは、個別に対応しているからです。

個別DMには、60回無金利チケットをつけています。勘違いしてほしくないので言い添えておきますが、この無金利チケットには、ほしいと思っているお客様の背中を押す役目があります。このチケットが理由で、購入になるわけではありません。「購入しようかな」と真剣に検討していただけるのは、自分が好きな商品がズバリ売り込まれているからです。店頭接客で、お客様との会話を大切にして記録することで、こうしたピンポイントに売り込みしても嫌われないDMを送ることができるのです。

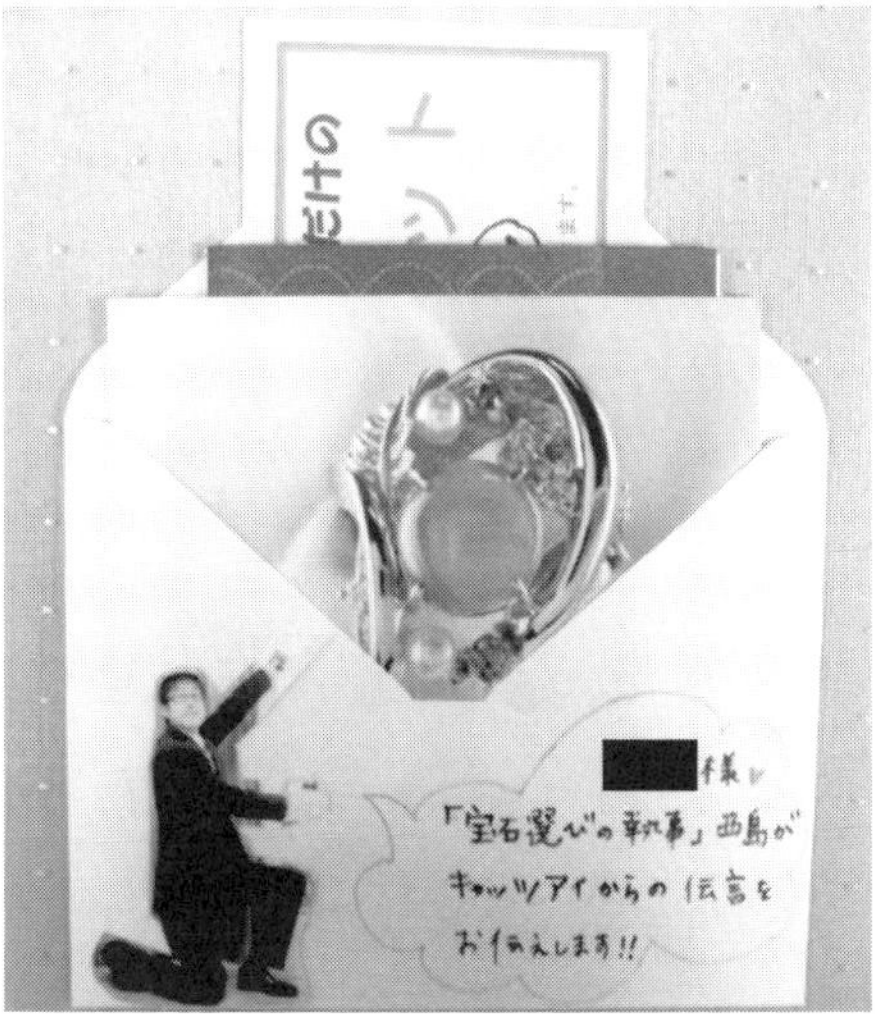

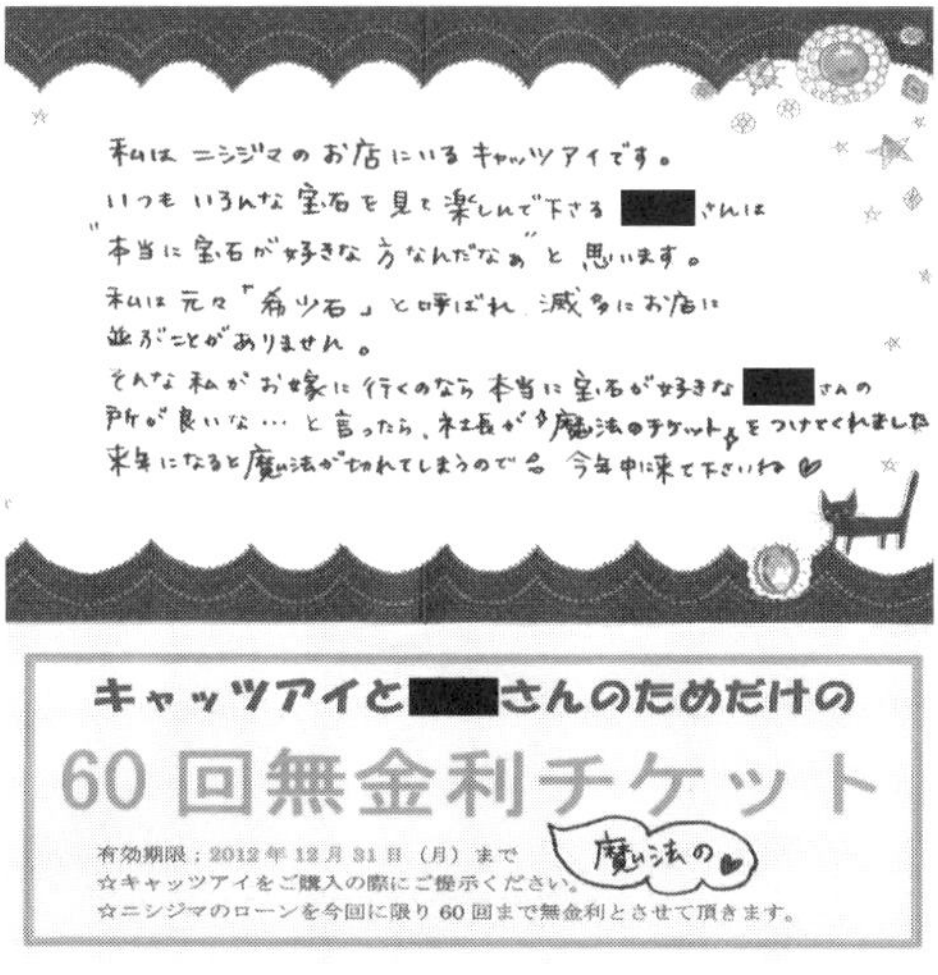

大分県佐伯市　「宝石・時計選びの執事　ニシジマ」

お客様は、売り込みが嫌いなわけではないのです。自分がほしくもないものをいきなり提案されても心が動かないのです。そうではなくて、自分がほしいと思うモノをほしくなっているタイミングで提案されると、その売り込みを歓迎します。そのお客様が好きな商品がわかるときには、個別提案の売り込みをすることで経費がグッと節約され、費用対効果がグーンと伸びるのです。

宣伝していない地区からも新規客がやって来る

口コミ紹介ツールは、自店の商圏範囲外からも新規客を連れてきます。

この宝石店では、店の保証書と一緒に自店紹介ツールを付けています。紹介ツールには、具体的な金額を入れなくても効果があります。金額を入れないので、プレゼント品にも「店の保証書代わり」として添えるといいですね。プレゼントされた方が、自ら次の新規客となることが多いからです。自分用に購入された方も、大切なよい物を買ったと思うと、親しい人に報告や自慢をします。そのときに、商品の自慢だけではなく、買った店の自慢も一緒にしてくれると、自慢された人が自分もこの店に行ってみたいと思ってもらいやすくなります。

紹介ツールで初来店する人は、車で2時間までなら遠いと思わないで来店されます。

遠くへの広告宣伝は費用が高くなるためなかなかできません。ですが、自己紹介ツールは

大分県佐伯市　「宝石・時計選びの執事　ニシジマ」

商圏外からも買う気満々の新規客を連れて来ることがあるのです。値引き交渉がないのも特徴のひとつです。

お礼状の作り方を変えると、顧客アンケートが格段に取りやすくなる

岐阜県にある靴店では購入後、すぐに「お客様の声」をアンケートで取りたいと思っていましたが、うまくできていませんでした。お客様の声は、くわしく記入していただけると、その後の店内ＰＯＰや広告チラシなどに利用でき、お客様を動機づける強力なツールになります。

ところが、このお客様の声を具体的に書いてもらうことは、お客様側にとっては面倒なのです。だから、あっさりした内容しか集まらないときがあります。これを、お礼状を工夫することで、お客様のくわしい声を取ることができるようになりました。３年間でファイル４冊にぎっしり３００枚以上の声が集まりました。チラシやＨＰなどに紹介して新規客を増やしています。

お礼状と一緒に自店紹介ツールを送付して口コミ率を上げる

お礼状とともに、自店紹介ツールを送付すると口コミ率を上げることができます。お礼状の最後に、お願い文章を付けると書きやすくなります。

お礼状+店舗概要+店長やスタッフのプロフィール紹介+商品イメージ写真といった具合です。

この四つを組み合わせると、友人知人に紹介されやすくなります。お礼状には、購入してくださったお客様との会話に出た悩みや望みを書いています。その上で、同じような悩みや望みを持っている友人知人に店を紹介してほしいとお願いする流れのお礼状です。

地元で長く経営している店舗であっても、来店したことがない見込客にとっては未知の店舗ですから、くわしい地図を忘れないようにしましょう。

[redacted] 様

先日は遠方よりご来店下さいまして 有難うございました
そして、ご卒業・ご就職おめでとうございます。 新社会人への第一歩を
三喜屋の靴でスタートして下さることを本当に嬉しく思います。
履き心地でお気付きのことがありましたら いつでもご相談下さいネ。
四月から一人住まいをされるということで 夢や希望に胸がふくらんでおられるでしょうね。
（その分、お母さんはちょっと淋しいかも……） 休日には おいしいものを
作ってもらいがてら 付知へもどってあげて下さい。
三喜屋も友治さんの新生活を応援しています。 今回お作りになったメーカーで
レザースニーカーやカジュアルシューズにチャレンジすることもできますので ぜひまた
ご家族でお越し下さい。 お待ちしています

三喜屋靴店

岐阜県　足と靴の相談店　三喜屋靴店

三喜屋の事件簿つうしん No.1

今月はこんな言葉をいただきました

ここの靴じゃないと安心して履けないのよ

Mさん　有難うございます。

初めてお読みいただくあなた様、はじめまして。せっかくご縁を頂いた皆様ともっと仲良くなりたい。わたしの本音や、色んな情報をお伝えしたいという大変勝手なお便り第一号です。毎月一回送らせていただいてます。第一回は私たちの自己紹介です。

上級シューフィッター
店長 [redacted]

こんにちは。
エビスさんのようなお腹・・いや違う、お顔やね。
優しくて、実直な人だねと言われる店長、
宮木良朗です。昭和29年、瑞浪生まれ、瑞浪育ち。
瑞浪小学校、瑞浪中学、多治見北高校、同志社大学経済学部卒。

読書（ホラー系）に映画鑑賞、クラッシック音楽を聴く事をこよなく愛す。几帳面なのに、基本的に、小さいことは気にしないおおらかな性格。実は、50代でようやく自転車に乗れるようになったのが自慢。

幼いころ、近所の映画館に入り浸り、客席で眠りこけ、夕暮れになっても家に戻らず、誘拐事件手前までいった武勇伝(?)あり。小学校時代は美声？！で鳴らし、「どんぐり音楽会」に出場。

大学生時代は混声合唱クラブに所属。ほとんど、勉強はせず・・・クラブの練習とマージャンに明け暮れていました。

36歳でようやく結婚。(^_^;)これからも足と靴への思いを熱く語っていきます。

上級シューフィッター
[redacted]

こんにちは。
おとなしそうに見えるのに行動派ねと
言われる三喜屋の嫁、宮木桂子です。
昭和40年、瑞浪で生まれ瑞浪育ち。土岐小学校、瑞陵中学、土岐商業高校卒。

温泉と田園風景と、美味しい食事をこよなく愛す。商売屋の嫁なのに、気が小さくて人みしり。
パパっと短時間でまあまあ！？美味しい料理が作れるのが自慢。

若いころはミュージカルを見ることが好きで、柴田恭平の東京キットブラザーズの大ファン。よく見に行っていました。(*^_^*)

結婚第一号の友達の披露宴で、新婦のお姑さんの陰謀？により赤い糸が結ばれてしまい？！・・・店長の優しく、物知り、でもどこかほっとけない所に騙されて？！24歳で三喜屋の嫁さんになる。
現在、一男二女の母、妻、店の嫁、主婦といくつものワラジをはいている。

上級シューフィッターとは

足に合う靴を探すためのアドバイスをしたり、足の相談に答えたりする資格を持った靴選びの専門家。　岐阜県下の上級シューフィッターは三喜屋の2名しかいません。

主な講演会（1995年～）

・瑞浪市介護課、瑞浪市包括支援センター　「足と靴のいい関係」
・瑞浪市明世小学校、瑞浪市小学校育成会　「子供靴と姿勢」
・東濃厚生病院　「看護師　職能靴の選び方」
・多治見市市民講座・笠原教育委員会・多治見市法人会「靴と健康」
・土岐市下石小学校　「今子供の足があぶない、子供靴の選び方」
・FM pipi・岐阜ラジオ　「シューフィッターの靴選び」
その他、1996年より瑞浪市健康福祉まつりにて、足と靴の相談コーナーに毎年参加、東濃、西濃地域を中心に教育団体、保健センター・商工会議所にて足と靴と健康の啓蒙活動を行う。

ＨＰやfacebookページ、ブログは三喜屋靴店でチェック！　日々の三喜屋の出来事が見られます。

三喜屋のブログ ケータイで見れます。QRコードでどうぞ！

インターネット検索はこちら

三喜屋の事件簿　検索

足と靴の相談室

[redacted]

三喜屋はこんな靴屋です裏面へ→→

岐阜県　足と靴の相談店　三喜屋靴店

数ある靴屋の中から三喜屋靴店を選んでくださり有難うございます。

私たちが大切にしたい事や、なぜこんな靴屋をしているのか自己紹介します。

まずは、三喜屋靴店　誕生物語を・・・

先代が1952年に瑞浪の駅前で和装履物の店を開業しました。当時、お客様が選んだ鼻緒と台を、足の特徴に合わせてすげていました。自分の足にぴったりと合い気持ちよく履けるので、「下駄は三喜屋さんのすげたものでないと」と喜んで頂いていました。

二代目の私は時流に合わせて品揃えを和装物から靴に移していきました。並べた靴を自由に履いて頂き、「オシャレでしょ。とてもお似合いですよ」とファッションや流行を一番に考えた靴の売り方をしていました。

そんな二〇年前のある日・・・

どんな靴を履いても痛くて歩けない・・・」

というお客様が現れました。今でこそ目にも耳にもする「外反母趾」の足がそこにありました。初めて見るその足に私達はどうする事も出来ず、申し訳ない気持ちで一杯になりました。

この出会いが「なぜ、あのような足になるのか？どんな靴だったら履けるのか。」と考えさせられるきっかけでした。

1993年、「シューフィッター」という資格と出会いました。「足と靴の専門知識を持ち、既製品の靴を足に合わせる専門職」のことです。

あの外反母趾で悩んでおられたお客様のお役に立てるかもしれない…そんな思いで夫婦して資格取得のための勉強を始め、1995年に上級シューフィッターの資格を取得しました。（岐阜県下で上級シューフィッターは私ども二人のみです）

足と靴が健康と密接に関わっている事を知り、今までいかに足をないがしろにした販売をしていたのかを思い知らされました。

その時以来「お客様の大切な足を守る靴屋になる。足が喜ぶ、歩く事が楽しくなるような靴を選び足に合わせる靴屋になる。」と決めました。

靴は、合った人の足に履かれてこそ履き物として完成する商品です。

靴はファッションの一部でもありますが、歩くための道具です。道具が合っていなければ足を傷めてしまいます。

例えば、メガネを買う時、先ず専門家の所で視力を測定し自分の目に合ったメガネを選びますね。薬も専門家に自分の症状に合った薬を選んでもらいます。それと同じ様に、靴も足に合っていなければその良さを発揮しません。

誰かの為に生れてきた靴を一番喜んでくれそうな人の足に合わせる。お見立てする事。それが私達シューフィッターの仕事です。（メガネや薬と同じ。合ってなくちゃ意味がないですもんね）

三喜屋は靴を主役にしません。それを履いて歩くあなたの足を主役に考えます

だから、お客様の足と靴の悩みをお聞きする、足を拝見し計測する時間を大切にします。

シューフィッターの資格を取って二〇年。生きている足に靴を合わせる難しさを感じながらも、お客様の足と靴の悩みに精一杯向き合ってきました。

そんな中で一番うれしい瞬間は、お勧めした靴を履いて頂いた時の「うわっ、痛くない！こんなにラクに歩けるなんて」「うふふっ。どこまでも歩きたくなるね！」と、おっしゃって下さるその笑顔を見る時です。

履き心地の良い靴は人を笑顔にすると教えられました。

その笑顔に支えられ今までやってこられた事、本当に感謝しています。

そして、もっと多くの人に、笑顔広がる心地良い世界を伝えたい。履き心地の良い靴選びのお手伝いを通して三喜屋に関わる人達の人生がほんのちょっとでも楽しくて健康で豊かになったら嬉しいです。

「あの店、な～んか良いんだよ」と心に刻んで頂けるよう、ご縁を頂いたあなた様のお役にたちたいです。

どうぞ宜しくお願いします。

宜しければ、ご来店いただいた感想をぜひお聞かせください。あなたの声が三喜屋を元気にしてくれます。(*^_^*)

足と靴の相談室　三喜屋靴店

[redacted]

あなたの声をお聞かせください

あなた様の声が三喜屋を元気にします。よろしくお願いします。

ここにほんの一言どうぞ

例・・・〇〇〇を買う前は〇〇だったのに、◇◇のおかげで、今は☆☆です。

〇〇〇を買ったおかげで、〇〇というメリットが得られました。

〇〇〇を買ったおかげで、◇◇ができそうです。

この靴は私にとって〇〇です。

今回、なぜ他のどの店でもなく、三喜屋を選んで下さったのですか

三喜屋を知ってすぐにご来店くださいましたか？そうでなかったとしたら何故ですか？

お友だちに三喜屋を紹介して下さるとしたら何と言ってお勧めされますか？

※上記のお声についてお願いがあります。三喜屋のニュースレターやブログなどに掲載させていただいてよろしいでしょうか?下記の中から〇印をお付け下さい。

(　　)名前を出してもよい　(　　)イニシャルなら出してもよい　(　　)絶対だめ

お名前：　ご住所

[redacted]

ご協力本当にありがとうございました。

[redacted]

当アンケートで取得したお客様の個人情報は厳正に管理いたします。

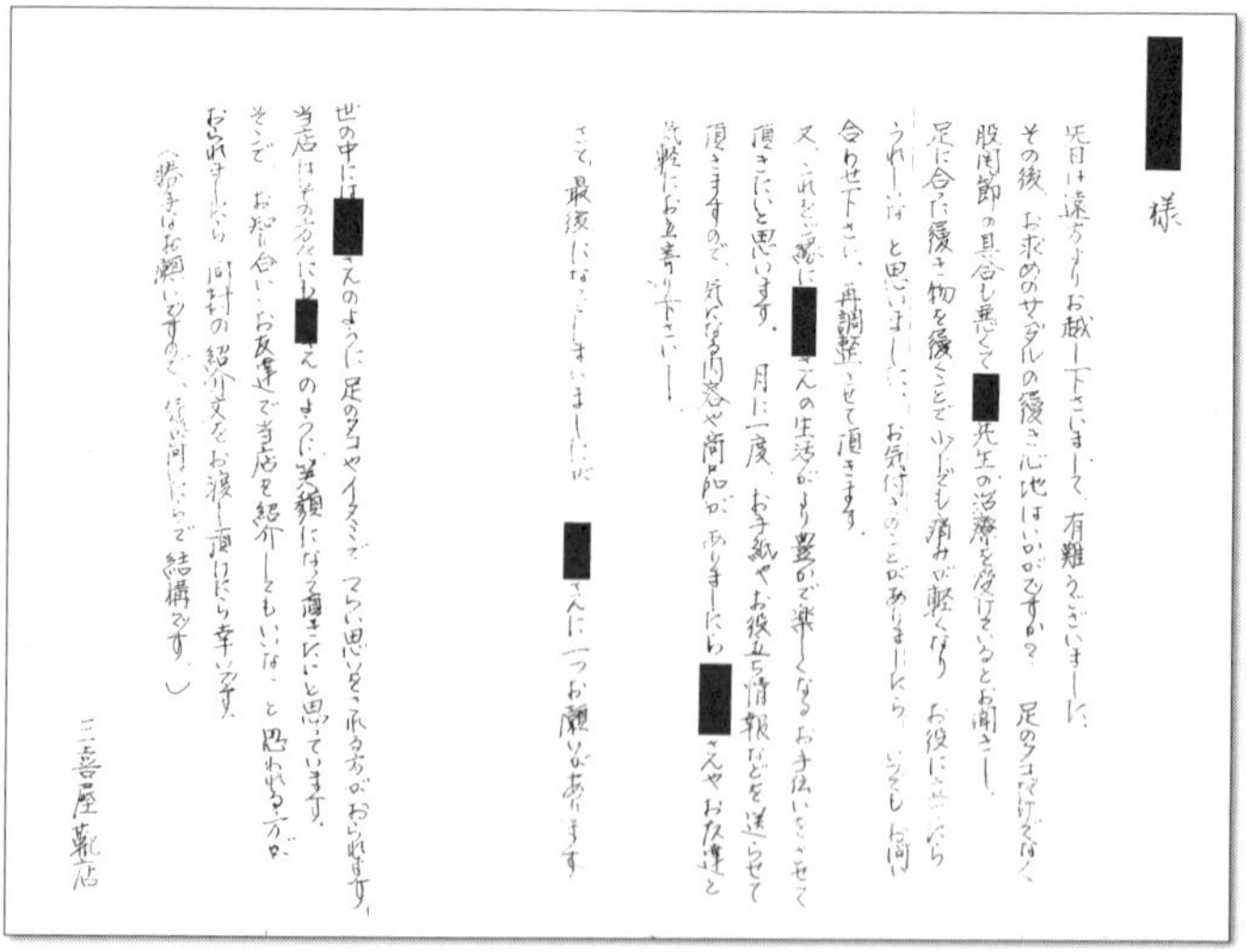

[redacted] 様

先日は遠方よりお越し下さいまして、有難うございました。

その後、お求めのサンダルの履き心地はいかがですか？ 足のタコだけでなく、股関節の具合も悪くて[redacted]先生の治療を受けているとお聞きし、足に合った履き物を履くことで少しでも痛みが軽くなり お役に立てたらうれしいなと思いました。お気付きのことがありましたら、いつでもお問い合わせ下さい。再調整させて頂きます。

又、これをご縁に[redacted]さんの生活がより豊かで楽しくなるお手伝いをさせて頂きたいと思います。月に一度、お手紙やお役立ち情報などを送らせて頂きますので、気になる内容や商品がありましたら[redacted]さんやお友達と気軽にお立ち寄り下さい。


さて、最後になってしまいましたが[redacted]さんに一つお願いがあります。


世の中には[redacted]さんのように足のタコやイタミでつらい思いをされる方がおられます。

当店はそのような方にも[redacted]さんのように笑顔になって頂きたいと思っています。

そこで、お知り合い・お友達で当店を紹介してもいいな、と思われる方がおられましたら、同封の紹介文をお渡し頂けたら幸いです。

（勝手なお願いですので、気が向いたらで結構です。）

三喜屋靴店

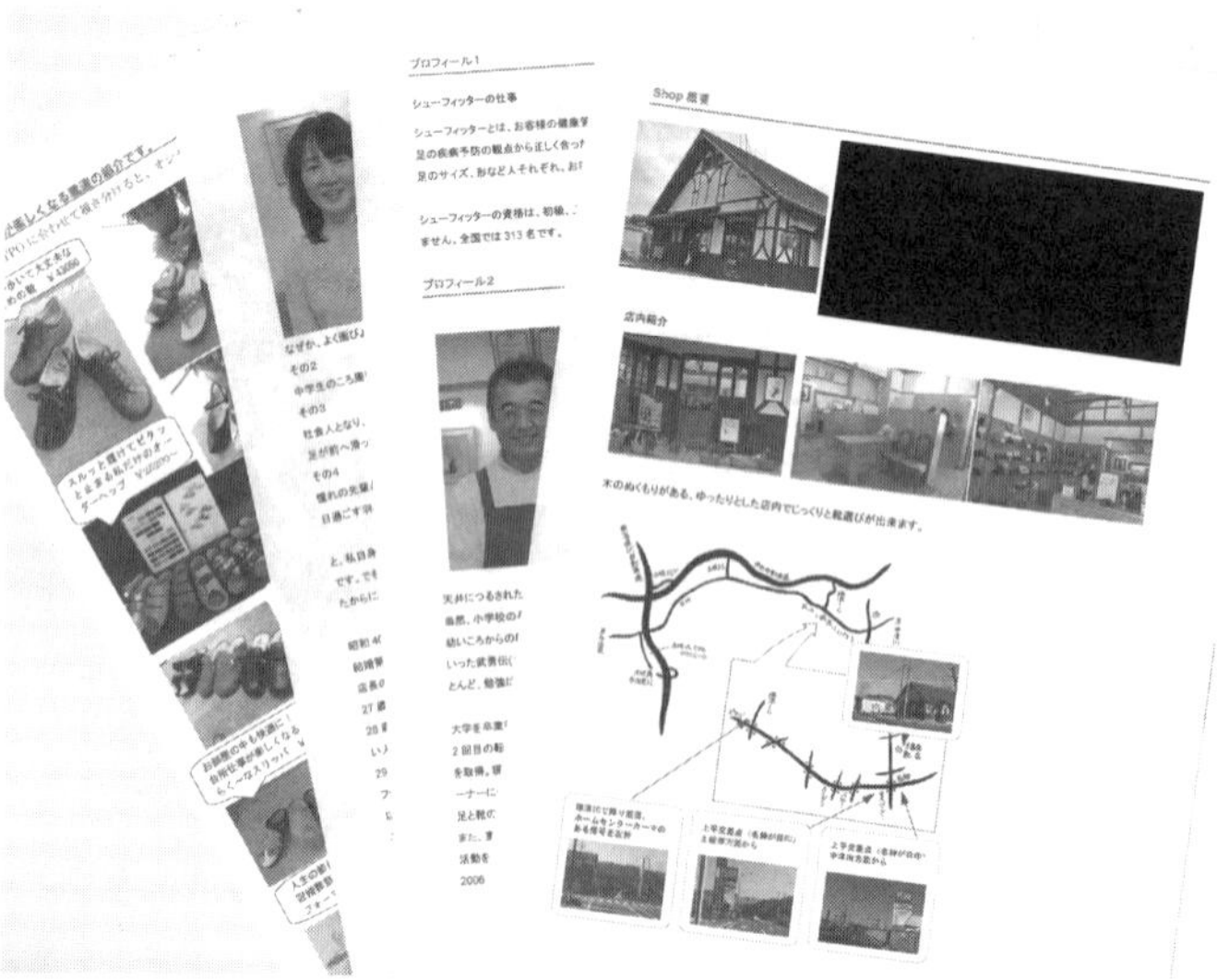

6章

成約客から新規客を紹介してもらう方法「紹介依頼ツール」

ふと書いたラクガキが口コミツールになった

私はメガネを売っています。メガネをお作りするときには、視力を測ります。そのときに、お客様の目の特徴を説明します。このときに専門的すぎることを説明しても、お客様は喜びません。したがって、子どもに説明するように絵を描いて説明しています。このラクガキのような説明をした紙を「これ、もらっていいですか？」と持ち帰るお客様が続きました。「こんなラクガキを、お客様は持ち帰ってどうするのか？」と、疑問を持ちながらも求められるままに持ち帰ってもらっていました。

それから数日して、「友だちが目の説明をしてもらった用紙をもらってきたのを見せてもらった。私もあの用紙がほしい」と言われる新規客が来店しました。

あのラクガキは、メガネの専門家として見たらいい加減なものです。ですが、どうやら持ち帰ったお客様は、友人に見せているらしいのです。そこで、持ち帰ったお客様に直接聞いてみました。

私　「あの用紙は、どうしようと思って持ち帰られたのですか？」

お客様「あーあれね。だって自分の目のことを説明するときに、コレを見せたらいいかーって思ったのよ」
私　「どなたかに、目のことを説明したいと思われたのですか？」
お客様「だって、自分の目だけど今まで誰もわかるように説明してくれなかったから」
私　「え？」
お客様「もう、何年もメガネを作っているけど、なるほどーって思ったの初めてだったから、帰ったら家族に見せようと思ったの。これなら説明しなくても見せるだけだものね」
私　「そうでしたか。ご家族はどんな反応をしてくださったのですか？」
お客様「へぇー！　って言っていたわ。自分も見てほしいって言っていた」
私　「他にも見せた人はいましたか？」
お客様「友だちが老眼が進んだって言っていたから、お茶するときに見せちゃった」
私　「あ！　ひょっとしてAさんですか？」
お客様「そうそう！　お店に来た？　お店の場所を教えておいたのよね」

なんと、ちょっとしたきっかけで書いたラクガキが、口コミしやすい状況を作り出していたのです。お客様は、私の店のことを思って紹介したわけではなく、家族やお友だちにも役に立つだろうと思ってラクガキを見せていたのです。見せられた方は、この店に行くと自分の目にどんな変化が起こるかが具体的にわかりました。だから、新規客になってくれたのです。この状態は、メガネは1回買ってもらうと次回購入は早くて3年後が平均という、リピートまでに年数がかかる状態を救ってくれました。

ここからヒントを得て、既存顧客が口コミしやすくする工夫を考えて実践しています。

商品価格が高額で、購入頻度が少ない商品は、リピートが見込めません。だからこそ、既存顧客の紹介で新規来店してもらう〝口コミ〟はありがたいのです。そうして既存客に、「紹介キャンペーン」を行なう店舗も見かけますが、私はお勧めしていません。

「あなたの友人を紹介してください」とは、お客様にとって「あなたの人間関係をお金に換えてください」と言われているのと同じだからです。

人は、自分が大切にしている物事をお金に換えることを嫌う

　では、どうして口コミで見ず知らずの新規客がやって来るのか。それは、人は店やメーカーよりも自分と同じ立場の人を信じるからです。お客様は、店やメーカー側よりも、同じ立場である消費者の言葉を信じます。とくに、高額で一生に数回しか買わない商品であるほど、欺されて失敗するのではないかと不安になりますから、お客様の声などを参考にします。

　お客様の声に載っている人が、知らない人でも参考にしますが、それが友人だったらどうでしょう？　非常に参考にするはずです。口コミは、生のお客様の声です。自分の目の前で知人が熱弁をふるうから効果絶大なのです。それが、義理や金勘定で話されたら、人はがっかりしてしまうのです。

　友だちを店側へと紹介するときに、多くの人は抵抗を感じます。店で扱っている商品が高額であればあるほど、その友だちが大切であるほど罪悪感を感じてしまいます。自分が店に紹介したら、友人が損をするかもしれないからです。店側に、友人を売り飛ばすようなイメージです。低額品であれば、この罪悪感は減りますが、それでも店の営業マンのように感じられてしまうので、それほど積極的には紹介しません。

しかも、「あなたの友人を紹介してください」という言葉には、店側の都合しか入っていませんから、言われると困った感じになります。自分が得にならない、ひょっとしたら友人が損してしまうかもしれず、しかもその原因を自分が作りかねないのです。そして、その言葉を投げかけてきているのが気に入っている店だとしたら、お客様は板挟み状態です。

人は、何かをなくすことを恐れます。友だちをなくしてしまうかもしれない行為はしたくありません。それなのに、「友だちを紹介してください」と、店側から強要してはいけません。とくにいけないのは、紹介のお礼として金券などを渡す企画付きのキャンペーンです。まさしく、人間関係をお金に換える企画になってしまいます。

口コミが紹介キャンペーンで広がらない理由

既存顧客が、何かを紹介したいと自発的に思うときは、自慢したいときと感動したときです。このときは、頼まれなくても勝手に紹介したくなります。これが、いわゆる口コミです。自慢と感動は、満足した後にやってきます。口コミの多くが、「私がよかったと感じたから、あなたも行ってみたら？」と、必ず自分の満足が根底にあります。頼まれたから口コミすることはないのです。お客様は店舗の営業マンにはなりません。ですが、自分の自慢話はしたいし、感動した思いは口からあふれるときがあります。自分の思いを他人に共有してもらいたい、共感してもらいたいと感じています。

人は、自慢したくなったときに自慢するタイプと、自慢したいけれど差し控えるタイプに分かれます。感動すると、会う人会う人に、感動した思いを伝える人と、自分の中だけにしまっておく人に分かれます。もっと細かく分けていくと、仲のいい友人にだけ自慢して感動を伝える人と、誰にでも伝える人に分かれます。自分の思いを上手に言葉にしてくれる人もいるし、口下手でも紹介パンフレットを渡すだけならできる人もいます。

「お友だちを紹介してください」という言葉は、ずいぶんと乱暴な言葉です。紹介するという行為の基準が、個人によって大きく違うのに、ひとくくりにするから乱暴になるのです。相手の、見たことがない商品や担当者を自慢したくなったときに、口で伝えるのは難しいです。商品や接客してくれた担当者をどんなにすばらしいかと伝える技術は、かなり高度な技術です。あなたが、自分で売っている商品のすばらしさを、お客様に伝えることすら難しいと感じているはずです。

それなのに、お客様が上手に口コミしてくれるだろうと期待するのは間違っています。口で説明するだけよりも、絵や写真があったほうが伝えやすいはずです。さらに、その絵や写真に説明も入っていて「これ読んで」と言うだけなら、お客様にも簡単になります。

「何でもいいから言ってほしい」とお客様に期待するのは、高いハードルです。しかし、「伝えてほしいAという内容を、具体的に書いた紙を渡してほしい」となると、ハードルの高さはぐっと低くなります。

あなたの店のことを友人に口コミしようと思ってくれたお客様は、「まぁ言わなくてもいいか……」と、やめてしまうことがあります。具体的に何と言ったらいいのか考えるのは、面倒で得にもならないからです。

口コミしてほしいなら、口コミしてもらいやすい工夫が必要です。

口コミは伝言ゲームに似ています。一番最初の人が言った言葉を、次の人へ口伝えする、これを繰り返していくと最後には最初とまったく違ってしまう。どうして違ってしまうかと言ったら、口伝えだけで明確な物がないからです。

ゲームなら、明確に聞き取れなかったり理解できなくても伝えてしまいますが、日常では「あれ？　何だったっけ？」と悩んだ時点で伝言は終了してしまいます。だから、商売で口コミしてほしいと思うのなら、お客様が伝えることを迷わないツールを用意しなければなりません。

お客様は口下手だから、成約客には「紹介依頼ツール」を手渡そう

リピートの確率が低い商品の場合、口コミは大切な新規客集客ツールです。

お客様は口下手です。口コミが発生する偶然を待っているのはやめましょう。かと言って、「友だち紹介してキャンペーン」もお勧めしません。では、どうしたらいいのか？

二つのことをしましょう。

1：お客様が満足したタイミングで紹介依頼ツールを手渡す

2：言葉を換える

「友だちをご紹介ください」

↓

「必要だと思われる方に、当店を紹介するパンフレットを渡してあげてください」

お客様が満足したタイミングで紹介依頼ツールを手渡す

自慢と感動は、満足した後にやってきます。満足とは字の通りです。足らないを満たすことを満足と言います。さて、お客様はいつ満足するのでしょうか？

お客様は、店舗に目的があって来店されます。目的商品の購入、下見、比較検討、カタログ収集、試乗や試着などのお試し、相談などです。こうした目的に、店側が的確に応じたときに、お客様は満足を感じます。自分の目的が達成された瞬間に、お客様は満足を感じています。まずは、この満足した瞬間を見極めましょう。想像してお客様の満足した瞬間を見極めるのは難しいですから、お客様に直接聞いてしまいます。

形のないものが商品の業種の方は、必ず「満足確認」をしています。お客様に「これでよろしいですか？」と確認をします。その代表業種は美容室・理容室です。誰もが経験していると思いますから、自分がカットに行ったときのことを思い出してください。お客様に直接聞く方法が、簡単にイメージできます。

ヘアーカットは、お客様の要望に沿って行ないますが、最初から明確な形があるわけではありません。想像と予想で専門技術を使ってカットしていき、最後にお客様に確認をしてもらいます。鏡を見ながら、「前髪の長さはどうですか？　横は？　後ろは？　ここは？　こっちは？」などと細かく確認していきます。お客様に確認してもらいながら、最終の微調整をします。そして、お客様が「これでいいです」と言うと終了です。お客様の目的が終了して、お客様が満足をしました。こうした満足確認を、対面販売の店では必ず行ないましょう。なぜならば、満足確認ができたときは、お客様に頼みごとをする最大のチャンスだからです。

私が、美容室でストレートパーマをかけると、必ず担当してくれる美容師さんが「サラサラになりましたよ。触ってください。ほら〜サラサラ〜〜！　ツヤツヤ〜！」と言います。その言葉で、自分で髪を触って確認して、「はい。サラサラツヤツヤです」と答えると、パーマとカットが終了します。これが満足した瞬間です。

実は、この満足した瞬間に「あること」をされると、私はいつも余分にお金を払ってしまいます。美容師さんがこう言うのです。

「山田さん。癖が強い髪だとお手入れたいへんですけど、今日ストレートパーマをかけたから今晩から楽になりますすね。せっかくだから、このサラサラツヤツヤが長持ちする癖毛専用トリートメントを使われるといいですよ」

満足したタイミングで、美容師さんからお願いごとをされたわけです。満足度が高い分、専用トリートメントを買って帰りました。美容師さんによっては、満足できないときもありました。満足できなかったときには、どんなによいトリートメントを勧められても買いません。口コミは、このトリートメントと同じです。

人は、満足を実感した瞬間に、その満足に関係したことを勧められると断りにくいのです。

私の経営する店舗では、メガネをお買上げいただくと、お渡し時にひと手間かけます。メガネは、お渡しするときに必ず見え方の確認をします。「遠くが見えますか？　あの壁にかかっている時計の文字盤は見えますか？　手元の新聞の文字は読めますか？　小さな文字はどうですか？」などと、細かく見え方の確認をしていきます。

お客様は確認された部分が見えると、しっかりと満足します。そこで「見えにくかった部分が見えるようになってよかったですね。私もうれしいです」と伝えると、お客様はニッコリと笑顔になります。

このタイミングで「ひとつお願いがあります。同じように遠くも手元も見えにくくて困っておられる方がいらっしゃったら、ぜひ当店の遠近両用メガネを教えてあげてください。このパンフレットを渡していただくだけで簡単です」と伝え、紹介依頼ツールであるパンフレットをお渡しします。

後から郵送で送るのではなくて、満足確認をしたタイミングで手渡ししてお願いすることで、誰かに手渡ししてくれる確率が上がります。パンフレットを友人に手渡すことで、「これ何？」「実はね……」と、話は勝手に自慢話と報告になります。

「必要だと思われる方に、当店を紹介するパンフレットを渡してあげてください」

使い慣れない言葉だと思います。ですが、この言葉は「友だちを紹介してください」よりも確実に口コミをしてもらえます。

「友だちを紹介してください」は、お客様に「当店を助けてください」という意味に伝わってしまいます。店を助けるということは、店の売上げを作るために営業マンと同じ行動をするということですから、お客様にとっては心に引っかかりが残ります。お客様にとって、店の都合はどうでもいい話で、自分にとってどんなメリットがあるかのほうが大事だからです。

これに対して、「必要だと思われる方に、当店を紹介するパンフレットを渡してあげてください」は「友人の役に立つチャンスを提供する」という意味になります。

店のためではなく、友人のため。どちらが、お客様にとってのメリットになるかと考えればわかりやすくなります。お客様は店のためよりも、友人のために行動するほうが、自分にとって何倍も大切なのです。

お客様は、「誰かに配って」と言われても、誰に配ったらいいのか思い浮かびません。ですが、「あなたと同じように、〝遠くも近くも見やすくなってうれしい〟と思ってほしい人に配って」と、具体的に配る人を想定してあげると「じゃあ、あの人に配ろう」と思い浮かべてもらえます。誰に配るのか具体的な人が思い浮かぶから、実際に行動してもらえます。

お客様にお願いするときの言葉の使い方には、ちょっとしたコツがあります。お客様にお願いするときには、ネガティブ言葉よりもポジティブ言葉を使いましょう。

後ろ向きネガティブ言葉

「あなたと同じように、遠くも近くも見にくい人に配って」

↓

これを前向きポジティブ言葉に変える

「あなたと同じように、〝遠くも近くも見やすくなってうれしい〟と思ってほしい人に配って」

〝見にくい〟という現状を強調するよりも、〝見やすくなってうれしい〟という未来を強調すると、買上率の高い新規客が集まります。

お客様は口下手ですから、口でしゃべるトークを教えるよりも、手渡すだけの「紹介依頼ツール」を配ることをお願いしましょう。

紹介依頼ツールの反応率を上げるために何を書いたらいいのか

紹介依頼ツールには、新規客が初来店するときに知りたいことの答えを書きます。具体的には、「人・モノ・技術・店」の四つを書きます。

人が、初めて行く店で一番恐ろしいと感じることは「人に関すること」です。押売りされないか？　話をきちんと聞いてもらえるか？　自分のセンスと合う人か？　馬鹿にされないか？　そして、何も買わなくても気持ちよく帰らせてもらえるか？　と不安を持っています。

実は、これらは店にどんな人がいるのか？　といった不安です。この不安は、店にどんな人がいて、どんな人柄かがわかれば解決します。

「人」の不安に応えるために、店にどんな人がいるかを伝えましょう。店主やスタッフの写真を載せるといいですね。怖い顔の写真は、怖い人がいると伝わってしまうので笑顔の写真を載せます。専門職の業種の店は、笑顔写真と真面目に仕事している写真の2枚を載せます。笑顔と真面目顔とのギャップが、専門知識を持っていて優しそうな人柄として伝わり効果的です。

「モノ・技術」の疑問に答えるための事柄

＊どんなモノがあるのか？　どのくらいあるのか？
＊この商品で何が解決できるのか？
＊どういったサービスがあるのか？　そのサービスを受けると何が変化するのか？
＊世の中に似たような商品がたくさんある中で、どうしてこの商品を選んだのか？
＊商品のイメージ写真
＊最低価格と中心価格帯

初めて行くのに迷わないための情報

＊来店してほしいなら、わかりやすい地図
＊店舗を見つけやすくするために、店舗の外観
＊駐車場案内
＊最寄り駅からの道案内
＊電話番号・営業時間・定休日
＊店内の様子写真

見ず知らずの店のことを文章だけで伝えるのは難しいです。その点、パッと見るだけで多くが伝わるのは写真です。ですから、紹介依頼ツールには写真をたくさん載せましょう。

紹介してもらったお礼の仕方にもコツがある

口コミは、誰でもできることではないのです。友だちのために、と思っても、口コミしてくれる人とそうではない人に分かれます。これは、口コミする行為が好きか嫌いか、という個別の理由によります。

どんなに自慢したくても、店での買い物に満足しても、口コミ紹介を簡単にする紹介依頼ツールを作っても、口コミをしない人はいます。この人たちに何とか紹介してもらおうと考えるよりも、口コミしてくれた人にもう1回同じことを繰り返してもらうほうが簡単です。それは人種の違いのようなものです。口コミするのが好きな人種と嫌いな人種がいるのです。

口コミしてくれたお客様は「口コミが好きな人種」ですから、この人がもっと口コミをしてくれたらうれしいですよね。そこで、口コミしてくれた人にはお礼をしましょう。

新規客が既存客の口コミ紹介で来店したことがわかったら、「わー！　紹介で来てくださったのですね。うれしいです。どなたのご紹介で来てくださったのですか？」と、誰の口コミ紹介で来てくれたのかを特定します。そして、できるだけ早くお礼を言います。どのくらい早くかというと、紹介されてきた新規客の目の前で電話するくらい早くです。口コミされた側のお客様の目の前で、口コミしてくれたお客様にお礼を伝えることは、どちらのお客様にも〝あなたの行動がうれしい〟と伝え合うことになります。人は、自分の行動が誰かの喜びになるのだと理解すると、次の行動も取りやすくなります。

この場合は、新規客は購入につながる行動をとりやすくなって購入率が上がります。口コミしてくれた既存客は、もっと口コミしてくれます。実際には、その場で電話することは少ないですが、気持ちとしては、そのくらい〝早くお礼を伝える〟ことが大切です。

口コミする人種の方が喜ぶのは「ありがとうございます」という言葉です。物ではありません。物や金券がもらえるから口コミしたわけではないからです。友だちが喜ぶから、友だちの役に立ちたいから行動をしたわけです。だから、お礼は物ではなく言葉を喜ぶのです。できるだけ早く、「ありがとうございます」と伝えましょう。

あとがき

携帯電話で、一瞬にメールを送れるようになりました。

メールどころか、動画で声まで一緒に送れます。

しかも無料です。

それでも、手紙やハガキはなくなりません。

面倒で、時間もかかり、切手代もかかります。

それなのに、どうして廃れないのかと不思議に感じます。

お礼状は、物ではなく言葉を贈る形です。

言葉を贈ろうとすると、その人にピッタリの言葉を探します。

その人のことをあれこれ想い、言葉を探して悩みます。

その人だけに向き合うために時間を使います。

お礼状が相手に喜ばれるのは、こうして時間を1人のためだけに使うからかもしれません。

忙しい日常でしょうが、ほんの数分をお客様1人だけのために使ってみませんか。

あなたのお礼状は、きっと相手の心に留まると思います。

お客様は、客である前に人です。

人は言葉が大好き。
言葉はお金がかかりません。
ただ相手を思う気持ちがあれば、言葉は形になります。
お客様を思い出して、お客様だけのためのお礼状を書きましょう。
そうすると、お客様は必ずあなたの店に戻ってきますから。

地域商店コンサルタント　山田文美

著者略歴

山田 文美（やまだ あやみ）

株式会社ごえん　代表取締役
地域商店コンサルタント
岐阜県・飛騨高山生まれ、中津川市在住。

電車も廃線になった町に嫁ぎ「店の嫁」として商売を始める。大型店と競合しながらも定価販売を継続し地域シェア55％の来店型小売店を経営し続ける。経営手法・接客・販促物のユニークさから日経MJ一面はじめコラムにて事例紹介多数。その手法を全国小売店に指導し、地域住民を顧客とする地域密着型店舗の顧客獲得と売上アップ支援を得意とする。既存顧客を囲い込むコミュニティ化と教育手法に長けており、無関心な顧客でさえも関心を抱かせるイベント販売ノウハウを持つ。店頭接客現場25年の経験から指導される接客トークは具体的であり、その効果への評価も高い。
お礼状・チラシ・セールスレターなど、商売に文章を活かす指導は「お客への言葉のプレゼント」と言われ、指導先店舗にファン客をもたらしている。

趣味は、10歳から続けているニュースレター発行と12歳から続けているチラシコレクション。

公式HP　http://yamadaayami.com/

「見込客」を「成約客」に育てる
“お礼状”の書き方・送り方

平成27年9月10日　初版発行
平成29年1月20日　2刷発行

著　者 —— 山田　文美
発行者 —— 中島　治久

発行所 —— 同文館出版株式会社

東京都千代田区神田神保町1-41　〒101-0051
電話　営業03（3294）1801　編集03（3294）1802
振替00100-8-42935　http://www.dobunkan.co.jp

ISBN978-4-495-53121-8

印刷／製本：三美印刷　Printed in Japan 2015